一小時看懂大數據

1小時看懂大數據

涂子沛 著

中和出版
OPEN PAGE

發展大數據和人工智能已上升為我國的國家戰略，這一戰略能否見到成效，與國民對這兩項技術如何推動歷史進步的認識有很大的關聯。

第二次鴉片戰爭前後，魏源編著了《海國圖志》，嚴復翻譯了《天演論》，但並沒有喚醒民眾，中國失去了從農業文明向工業文明轉變的歷史機遇。21 世紀上半葉，世界已進入信息時代的新階段，正在逐步走向智能時代。近年來，一些有遠見的學者和先輩心息相通，他們致力於宣揚新的數據觀和智能時代的理念，涂子沛先生就是其中的代表。他不但出版了《大數據》《數據之巔》《數文明》等膾炙人口的大作，最近又撰寫了兩本引人入勝的新書：《一小時看懂大數據》和《一小時看懂人工智能》。

工業時代的傳統教育側重於數理化，教給學生的知識大多是用來處理已掌握內在規律的問題，許多工作也是按部就班、照章辦事，這些崗位很可能會被智能化的機器取代。新的時代需要新的知識結構，要學會從大量數據中發

現知識和規律，以適應不確定的、動態變化的環境。今天的年輕人是未來智能社會的原住民，他們必須有適應智能化生活的思維方式和想像力。涂子沛先生的這兩本書沒有枯燥的公式和程序，而是通過一個又一個有趣的故事，告訴人們數據如何變成知識、一批聰明而執着的學者如何在艱難曲折中發展人工智能的技術。

我相信，這兩本書在讀者心中播下的種子會成長為參天大樹，樹上會結滿迷人的智慧之果。

中國工程院院士

中國計算機學會名譽理事長

中國科學院大學計算機與控制學院院長

致讀者：

打開通向新世界的窗口

1946 年，世界上第一台計算機誕生，人類文明開始了新一輪的大躍遷。一開始，人類把這個新的時代稱作信息時代。信息時代最大的特點是，以前很難找到的信息和知識現在很快就能找到了。

但隨着歷史畫卷的徐徐展開，當我們來到 2020 年，突然發現「以前很難找到的信息和知識現在很快就能找到了」這句話，已經不能概括這個時代的核心特點。新時代像一列疾馳的列車，它載着我們已經遠遠地馳過了那個標着「信息時代」名稱的站台，我們正在跨入一個更新的時代 —— 大數據驅動的人工智能時代。

今天，這個新時代的特點已經非常清楚，人類文明正在從以文字為中心躍遷為以數據為中心，傳統的機器製造正在升級為智能化的無人工廠，機器人的時代正呼之欲出。

以大數據為基礎的人工智能是推動這場文明大躍遷的革命性力量。這裡所說的「大數據」，是指數字化的信息，即以「0」和「1」這種二進制保存的所有信息。一行文字、

一張圖片、一條語音、一段視頻，今天我們都稱之為數據。

你肯定用過計算器，輸入數字進行加減乘除運算，很快可以看到一個數字答案，它代表一個數量。現在，智能手機上不僅能計算，還有更豐富、強大的功能。你可以直接用聲音命令手機回答「世界上哪裡的葡萄最甜」。就像童話《白雪公主》中的魔鏡，它會立刻給你答案。

這些答案可能是五顏六色的圖片、有趣的採摘視頻，也可能是網頁鏈接，包括大量的文字描述和數字。你能想到的，網上全有；你想不到的，網上也有。它們會告訴你葡萄從何而來，哪個國家是原產國，第一瓶葡萄酒是如何產生的，甚至還能帶你進入「葡萄美酒夜光杯」的唐詩世界。

除了驚歎以外，你想不想知道秘密到底在哪兒？原來，手機在聽到了你的命令之後，經過自然語言處理，你的聲音被翻譯成了計算機才能聽懂的語言，人工智能像一張漁網一樣撒向數據空間，捕捉每一則與葡萄有關的信息，最終以文字、圖片、語音、視頻等多種形式呈現在你的手機屏幕上，告訴你世界上哪裡的葡萄最甜。

對，就是數據空間！

數據不像高山大海、森林礦藏那樣獨立於人類存在，它完全是人造、人為、人工的產物。人類正在其生活的物

理空間之外打造一個新的空間，人類在這個新空間中停留的時間將會越來越長，甚至比待在物理空間的時間還長。在新的數據空間裡，數據和智能主導一切，這就是人類未來發展的大趨勢。

時代變化如此迅猛，可謂波瀾壯闊、激蕩人心。你肯定也觀察到了這些變化，你對大數據、人工智能可能也興奮很久了。未來的你將在這一場文明大躍遷中扮演甚麼樣的角色呢？

我希望你能參與其中的創新，做一個新時代的建設者。這是一個大創新時代，數據是科學的載體，數據是智能的母體，真理要從數中求，基於數據的創新將成為世界發展的先導。由於數據無處不在、人皆可得，這個新時代的創新將不再是少數人的專利，創新將走向大眾化，集中表現為萬眾創新。擺在你面前的這套書，就是為你迎接、參與這一場大挑戰而精心定製的。

你現在打開的是《一小時看懂大數據》，《一小時看懂人工智能》是它的姊妹篇。它們將為你們打開通向新世界的大門。

大數據時代不能盲人摸象，這套書給你提供一個系統化的視角。如果你認真地讀完這套書，我相信你對數據科學、人工智能領域必須掌握的概念、知識和工具將會非常

熟悉。這是新世界的語言，你將可以進階，和專業人士展開交流。這套書最大的特點是有故事，主角是一些聰明、執着和勇敢的人，本書講述他們如何改變世界。我希望這些故事能如春雨一般，用「潤物細無聲」的方式在你的頭腦中滋養新世界的思維方法和價值觀。

目　錄

小數據時代

Chapter 1

刻痕者的後代

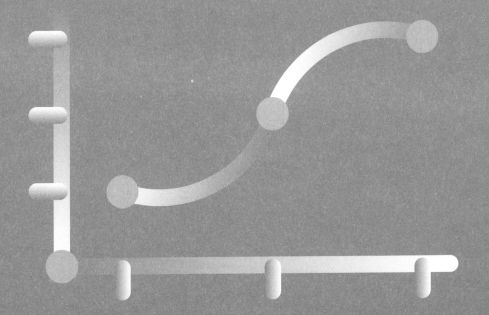

遠古的壁畫

關於人類的進化史，相信很多人都能說出一些重要的節點，比如直立行走、鑽木取火、工具的應用、文字的產生，等等。

我想告訴你的，卻是一個完全不同的文明視角，那就是數據。就讓我們從最簡單的數字說起，從「1」開始。

1、2、3、4 這些數字，今天看來，淺顯易懂。除了學會叫「爸爸媽媽」，我們嘴巴裡蹦出來的第一批單字可能就包括這些數字。再長大一點兒，數蘋果要用到，排隊點名要用到，買東西時也要用到，比如脫口而出的就是「買一瓶水」。但我們要知道，數字不是從來就有的，人類擁有「數字」不過區區幾萬年的歷史。

鳥有兩隻翅膀、羚羊有 4 條腿、人有 10 根手指，這是在自然界中客觀存在的「數量」。而數字，就是人類發明的工具，用來標記數量上的差別。

　　假設有一堆東西堆在一起，卻不知道它們的數量，那遠古人類會怎麼辦呢？他們會掰着手指頭數，但數量太多，手指頭不夠用，這時人們就犯迷糊了。結果聰明的人類想到了一個「笨笨」的辦法：為每件東西做記號，一件東西一個記號。最早，人類會在獸骨、鹿角、象牙、木頭等硬物或者洞穴的牆壁上刻下痕跡，來描繪數量。

　　這就是刻痕，是最古老、使用最廣泛的計數方法。中文中的「一、二、三」以橫線的數量區分，羅馬數字的「I、II、III」以豎線的數量區分，阿拉伯數字「1」也是一道豎線，這都體現了遠古刻痕傳統在不同文化當中的遺留。

　　藉助刻痕這個方法，人類把客觀存在的數量差別變成了頭腦中的數量標識 —— 數字。這個被現代人看起來很簡單的過程，遠古的人類可能花了數百萬年的時間才摸到門檻。數字的發明是石破天驚的大事。我們都知道，火可以禦寒、照明、燒烤食物，因為火的發現，人最終和普通動物劃開了界線。數字的發明，就好像人類的大腦當中有了

一堆火，甚至點了一盞燈，它把黑暗的大腦照亮了。大腦從粗放變得精確，從模糊變得清晰，理性的認知路徑開始出現，這大大促進了人類智力的發展。

遠古時期的「藝術家」已經知道如何記錄更方便，他們常常用一頭野牛的圖示，再加上幾道橫線來描述打獵的成果，這可比畫好幾頭牛要容易得多。在世界眾多文明產生的過程中，有不少同類的故事。

刻痕的方法一直到現代都還有人使用。你記得英國作家丹尼爾・笛福的小說《魯賓遜漂流記》裡的主人公魯賓遜嗎？他一個人流落到荒島上，就找了一根木棍並在上面刻痕，為的是記錄自己離開文明世界的天數。

今天，我們有時侯會用「正」字的筆畫表示數量。比如我們在學校參與班委選舉的時侯，候選人每得 1 票，就會有人在黑板上為他畫上 1 道線，一個「正」字代表 5 票，於是一個個的「正」字出現了。這樣一來，統計最終得票數十分方便。這其實也是在沿用「刻痕」這一古老的「笨」辦法。

所以說，無論你的祖先是誰，皮膚的顏色如何，他們都做過骨木的刻痕者，我們每個人，都是刻痕者的後代。

人類早期的生存主要靠狩獵和採集，他們不斷遷徙，「邊吃邊走」，走到哪兒吃到哪兒住到哪兒。今天這片森林的野果被採完了、野豬被打光了，明天就換個地方，居無定所，四處漂泊。後來，人類慢慢發現某些植物可以自種自收，於是約 1 萬年前，地球上出現了最早的人工栽培農作物。人類開始耕犁、播種、澆水、施肥，慢慢變成了「住下來種，邊種邊吃」的農民。這種生活模式的變化被稱為農業革命。

　　在這個過程中，數字和數據的作用巨大。

　　首先，寒來暑往，秋收冬藏，不知道季節交化，不清楚甚麼時候該種、甚麼時候該收，肯定會誤事。遠古的人類因為用刻痕記錄了月亮和太陽的週期交化，於是發現了氣候的大致規律。

　　在南非和斯威士蘭之間的列朋波山脈的一個洞穴中，考古學家發現了現存最早的刻痕獸骨，時間在 35000 年以前，它是用狒狒的腓骨做成的，上面的刻痕記錄的是月亮的變化。之所以僅憑一些短線，考古學家就敢下斷言，是因為在全球多個地區發現了類似的獸骨刻痕，它們不約而同都是 29 條刻痕，這不是偶然，因為月亮的變化週期

正是 29.53 天。

在對月相變化的觀察中，人類還學會了記錄。

1940 年，考古學家在法國西南部的拉斯科洞穴發現了一組壁畫。經檢測，這些壁畫的歷史可以追溯到 17000 年前。

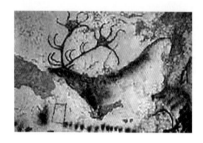 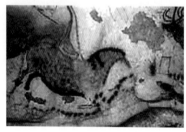

拉斯科洞穴壁畫

左邊這幅圖畫了一頭鹿，鹿的腳下有 13 個黑色斑點，這些斑點連成一串，接着是一個大大的四邊形。這 13 個黑色斑點代表了月亮在半個月當中的變化軌跡，從圓到缺，最終從人們的視線中消失，遠古人類用空的四邊形來表示消失。上面右邊這幅圖畫了一匹馬以及一些黑色的圓點。這些圓點共 29 個，代表了月亮在一個月也就是 29 天內的運動軌跡。這些符號不僅僅是刻痕，也不僅僅是計數，還是對月亮變化的追蹤和記錄。這種記錄，產生的是人類最

早、最樸素、最原始的數據。

前面說到，因為自然界存在數量的區分，於是人類發明了「數字」。但數據不同，它的目的不是「計」，而是「記」。當人類對自然界某一現象的變化進行連續的追蹤和記錄時，產生的就是數據。數據可以是文字、圖形，也可以是「一系列有根據、有背景的數字集合」。總之，它是人類對客觀世界進行主動觀測和記錄的結果。

結繩記事

刻痕的傳統出現在舊石器時代，距今 300 萬到 1 萬年間。同時期，人類發明了繩子，有了它，人類就可以攜帶工具、拴住獵物，這樣就方便多了。

刻痕演化出了數字，而繩子則另有一番造化。在舊石器時代晚期，也就是 1 萬多年前，人類發明了一套更複雜、更有效的計數和記錄體系 —— 結繩記事。

如果部落之間發生了一場戰爭，這就是需要記錄的重大事件：一個部落俘虜 20 個成人和孩子，繳獲了對方 10 頭牛、30 隻雞⋯⋯要記載這件事情，就要用到不同材質、

粗細的繩子，再通過打結的方式、結的大小和顏色、各個結之間的距離來表示不同的信息。

這套方法操作起來有點兒麻煩，能夠表達的意思實在有限，但相較於刻痕，是一大進步。

刻痕僅僅是計數，而結繩是記錄。

我們的祖先就是靠用不同方法給繩子打結，再配合語言的使用，形成了一套記錄事實、管理事務，以及傳承信息和知識的體系。這套體系在當時是最先進的，需要學習，由專人負責，並代代相傳。管理這些繩結的人一般是部落的長者或者巫師，這些人掌握了對事實和歷史的解釋權，他們是人類最早的知識分子。

結繩記事在少數地方一直被沿用到了中世紀。13 世紀，居住在現秘魯地區的印加人創造了可以用來計數和記錄的數字繩。繩子被分成「數段」，不同數段上所做的記號分別表示個位、十位、百位、千位。每個數位上的數字是幾，就在繩子上打幾個結。印加帝國用這種方法來記錄稅收、貨物和普查統計的結果。目前全世界有 600 多個數字繩被保存在各地的博物館或被私人收藏。

因為繩子容易腐爛，所以很難保存到現在，想得到更

多的信息，只能從一些古代典籍中找到零星的文字描述，或是對與世隔絕的原始部落進行考察，那裡可能還沿襲着結繩記事的方法。

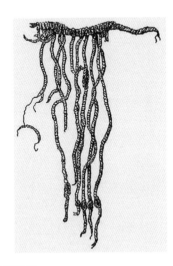

印加人的數字繩

Chapter 2
我只是想換一張老虎皮

文字的誕生

　　現代經濟學的創始人是英國人亞當・斯密，他在《國富論》中談道：我們從來沒有看到兩條狗公平認真地交換骨頭。但交換卻是人類的天性，人們不需要學習就會，為了生存，遠古的人類一有機會就會交換，交換行為可以讓雙方各取所需。

　　沒有交換，你得自己去種地、曬鹽、砍柴、織布，可想而知，那得忙成甚麼樣。有了交換就完全不一樣了，有些人專職種地，有些人則負責織布，互通有無。而有些聰明人就會想，你們這麼辛苦，那我就唱首歌給你們聽吧，好聽你就賞我一點兒糧食，於是，人類歷史上的第一個歌星就這麼出現了。

大約在 8000 年以前，人類祖先就開始規模化地交換農產品和動物了。要完成交換，當然先要「計數」，在美索不達米亞地區生活的蘇美爾人留下了這方面的文物。

　　蘇美爾人在陶土製成的泥板上刻畫標記，他們用一種符號（常常是圖形）來表示交易的物品，用另一種符號來表示交易的數量。隨着時間的推進，人類又把這種用於交換的計數符號體系應用到其他的領域。一代又一代的記錄者發明創造了新的符號，這些符號就逐漸形成了今天的文字。

　　人類最早的文字就是這樣在交換和交易的過程中逐步產生的。也可以說，在人類發明文字的初期，對數字的表達佔據了文字的中心位置。

 從腳印到文字

　　倉頡，傳說是黃帝的史官。黃帝統一華夏之後，隨着部落人口的增加，食物、牲口等資源的消耗和分配日趨複雜，還有祭祀、狩獵等需要記錄的事項也在增多，結繩記事的方法越來越不管用。這讓負責記錄的倉頡很發愁，不知道該怎麼辦。

有一天，他在三岔路口遇到幾個老獵人，他們正在爭論問題。

第一個獵人說往前走可以追到羚羊；第二個獵人堅持說，在右前方不遠處有鹿群；第三個獵人要往左追趕老虎。倉頡不知道他們是怎麼判斷的，好奇地一問才知道，原來獵人們是憑藉地上的野獸腳印辨認獵物蹤跡的。他突然想到，獵人憑腳印辨認野獸，我可不可以設計一種符號來表示我分管的東西呢？於是，他開始按照各種物體的特徵，繪出象形字，並四處徵求他人的意見。日積月累，倉頡設計的字越來越多，隨後黃帝下令在全國推廣應用。

下圖是兩塊泥板：左邊的是一份交易記錄，其文字和符號代表牛頭、穀穗、魚以及它們的數量。右邊的是1929年德國考古學家尤利烏斯·約爾丹發現的，據判斷有5300年的歷史，泥板上刻有圓點、括號和小圖案。歷史學家赫拉利認為，這是一張表示商業交易記錄的收據，它的意思是：「在37個月裡，一共收到29086單位的大麥。由Kushim簽核。」

蘇美爾人的泥板

　　「Kushrni」是一個記賬員的名字，這也是目前人類發現的最早的名字。這意味着，青史留名的第一人，不是國王、部落首領，也不是巫師、哲學家，而是一名會計。

　　在文字產生之後，結繩記事就基本退出了歷史舞台。

貨幣登上舞台

　　人類早期的交換不僅促生了文字，還催生了另一項偉大的發明：貨幣。人類最初的交換形式是物物交換，即用一種東西換另一種東西。

　　一個獵人打到了野獸，他可以用新鮮的野味來換雞蛋、玉米或者弓箭。但問題出現了：

如果擁有雞蛋和弓箭的人恰好都不想要野味，物物交換就沒辦法達成了。比如，你想用一支圓珠筆換同桌的恐龍橡皮，但是他不要圓珠筆，只想要明星貼紙，而你的手裡並沒有明星貼紙，這就不好辦了。

也就是說，只有在交換雙方都恰恰需要對方擁有的東西時，直接的物物交換才能達成。所以，物物交換的成功率並不高。

另外，直接的物物交換，意味着每兩種東西之間，都要產生一個交換比率，也就是一種東西可以換多少另一種東西。例如，在古代，經常就會出現這樣的難題：

「如果 3 根玉米可以換 1 個雞蛋，30 個雞蛋可以換 1 隻母雞，5 隻母雞可以換 1 隻山羊，2 隻山羊可以換 1 張老虎皮，那麼，到底多少根玉米能換 1 張老虎皮呢？」

老虎皮很溫暖，可以幫助農夫度過寒冬，但那個指望用玉米換老虎皮的農夫可能會很困惑，甚至絕望。因為他不知道該準備多少根玉米，才能換來 1 張老虎皮。這對遠古人類來說，難度幾乎等同於「哥德巴赫猜想」。交換的這些困難直接推動了貨幣的出現，有頭腦靈活的人發明了「貨幣」。他宣稱，萬事萬物都有一個數字的價格，所有的東西

都可以先換成貨幣，再用貨幣去換自己想要的東西。

貨幣充當了交換的中介，偉大的貨幣就此登上歷史舞台。貨幣出現之後，「交換」就正式成了「交易」。

 曲別針換房子？

和千千萬萬的中國青年一樣，26 歲的加拿大青年麥克唐納買不起房子，不過他用一個富有創意的辦法實現了目標：學習原始居民，進行物物交換。從 2005 年 7 月起，麥克唐納在一個網站上展出了自己的紅色曲別針，希望能夠換回一些更大或是更好的物品。麥克唐納在廣告中承諾，不管有多遠，他一定會親自拜訪交易夥伴。他充分發揮善於推銷和溝通的特長，先用一枚紅色曲別針換來了一支筆，又用筆換來了陶瓷門把手，再依次換來了小烤箱、發電機、霓虹燈箱、啤酒、雪地車箱、唱片合約。隨着媒體對他以物易物行為的廣泛報道，他的創意獲得更多人的肯定，最終換回了一套漂亮公寓的一年使用權。

最早的貨幣由稀有物充當，如貝殼、金屬，後來出現

了紙幣；再後來，紙幣又逐步被銀行卡所取代。隨着信息技術的發展，移動支付越來越受大眾歡迎，在手機上就可以完成金額的加加減減。

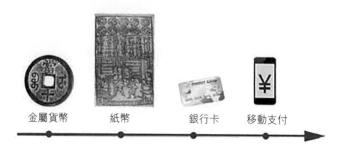

金屬貨幣　　　紙幣　　　　　銀行卡　　移動支付

貨幣的演變

貨幣的出現推動了數量科學，即數學的產生和發展。在出售牛、羊、雞等的時候，最早只能一隻一隻地賣，否則，部落中最聰明的人也會變得糊塗。但貨幣被發明出來之後，人類的大腦開始頻繁地進行計算，數字和計算逐漸成為人們生活中的日常內容，數學開始和交易共同進步。

自從貨幣進入人們的日常生活，對數字重要性的討論就開始了。

古希臘的畢達哥拉斯，是最早提出數字是宇宙本源的哲學家。大哲學家蘇格拉底和他的學生柏拉圖也同樣癡迷

於數字。蘇格拉底曾問大家：「是甚麼樣的科學吸引了我的靈魂？」他表示不是音樂，不是藝術，也不是體操和運動，最後揭曉答案：是適用於所有藝術、科學和思想活動的科學，即數字科學。蘇格拉底和柏拉圖都很厭惡將數字僅僅用於商業買賣。

但很顯然，對於大多數人來說，數字所代表的貨幣對他們而言才是有意義的。一個在科學家眼裡美妙無比的勾股定理，在普通人看來，遠不如一個金幣來得誘人。

我猜，你肯定讀過《小王子》，其中有這樣一段話：

大人喜歡數字。

當你向他們介紹一位新朋友，他們從來問不到重點。

比方他們從來不問：

「他說話聲音如何啊？他喜愛甚麼樣的遊戲啊？他收集蝴蝶標本嗎？」

他們只會問你：

「他幾歲了？有幾個弟兄呀？體重多少呀？他父親掙多少錢呀？」

他們以為只有這樣才算了解朋友。如果你對大人說：

「我看到一幢用玫瑰色的磚蓋成的漂亮房子，它的窗戶上有天竺葵，屋頂上還有鴿子……」

他們怎麼也想像不出這種房子有多麼漂亮。

但你一對他們說：

「我看見了一幢價值十萬法郎的房子。」

那麼他們就會驚叫道：「多麼漂亮的房子啊！」

這是小王子對成人世界的一場討伐！他認為大人們非常荒唐可笑，而扭曲大人們的力量正是數字。人類有把一切事物都數字化、貨幣化的衝動，即用數字來衡量一切價值，但恰恰是這種動機束縛了人類，使我們變得缺乏想像力。我們必須承認，在大人的世界裡，數字已經擁有了過於強大的力量。

本書關注的重點不是「數量」和「數字」，但數字的發明和數學的進步拉開了數據科學的序幕。數據科學是一門通過測量、記錄獲得數據，並從數據當中獲取知識和規律的科學。

下面我們來看看，偉大的數據英雄是如何通過「測量」和「記錄」創造奇跡、改變世界發展進程的吧！

Chapter 3

誰見過地球轉？

我們在交新朋友的時候，喜歡打聽一下別人是甚麼星座的。12 個星座的人各有特點，星座學家講得頭頭是道。比如，他們說處女座的人往往會招來朋友的調侃，還有強迫症，很挑剔。其實，星座並不科學。

　　對於星體、星座的觀察和研究真是由來已久。早在遠古時期，我們的祖先就把視線投向了天空。一方面，人們相信星體的分佈和變化是上天給出的信號，預示了世間萬事萬物的變化。東西方都發展出了專門的占星術。中國古代的小說中，常常提到如果有星體隕落或者彗星從天空劃過，人間就會有大的變故。另一方面，對星體的觀察促使了曆法的產生，如我們熟悉的「二十四節氣」。

　　持續的天文觀測和記錄非常重要，這使人類得以總結規律，進而窺見宇宙運行的奧秘。這種思維方法啟發了後

人，逐漸改變了人類對自然界的研究模式，由此引發了一場科學革命。

為何人類率先在天文學領域獲得突破呢？

因為每個人的頭頂都有一片天空，我們隨時都可以把視線投向天空。一代又一代人僅憑肉眼的觀察，最後畫出了主要星體運行的大致軌跡。

天文學家在人跡罕至的山頂仰望茫茫宇宙，

尋找金光閃閃的小島般的天體。

他斷言，那顆放蕩不羈的星星，

「將在千年後的這樣一個夜晚回歸原處」。

星星將會回歸，

甚至不敢耽擱一小時來嘲弄科學，

或否定天文學家的計算；

人們會陸續死去，

但觀察塔中的學者會一刻不停地勤奮思索；

縱然地球上不復有人類，

真理將代他們看到那顆行星的準確回歸。

這是諾貝爾文學獎得主、法國詩人普魯多姆（1839—1907）的一首詩作——《約會》。普魯多姆用抒情、奔放的文字和韻律，稱讚了天文學家不可思議的預測能力，帶給我們跨越時空的悸動。我們不禁驚歎，前人居然將廣袤宇宙中遙遠星體的運行軌跡計算到如此精準的地步。

　　但是，想獲知宇宙的秘密可不是那麼簡單的事，幾乎每一步都經歷了波折和反覆，伴隨着血和淚。其中一個最大的困難，是我們感覺不到地球在自轉，如果地球在轉，那為甚麼飛鳥和雲朵不會因為地球的高速旋轉而落到後面？

　　於是，在這樣的認知局限下，在中國，古人產生了「天圓地方」的宇宙觀。而在西方，「地心說」成了造物主存在的有力證據，任何動搖「地心說」的說法都被視為異端邪說。直到波蘭天文學家哥白尼（1473—1543）提出了「日心說」，科學史才真正翻開了篇章。下面讓我們一起來看看，哥白尼等天文學家是如何利用數據和記錄開啟科學大門的。

溫和的叛逆者

　　哥白尼是波蘭人，他是一名職業教士，在教堂裡度過了一生中的大部分時光。給他帶來巨大聲譽的天文學發現和著作，都是他用業餘時間完成的。他住在波蘭的一個海濱小城弗龍堡，在這裡買下一座箭樓，建立了一座小小的天文台。從此，這裡便成了哥白尼日夜仰觀天象的地方。

註：當時的天文觀察是通過簡單的幾何原理，用角度來估算天體之間的距離，在這個基礎上，第谷發明了六分象限儀。

　　只要天空沒有雲彩，即使是寒冷的冬夜，他也會穿上大衣、戴上棉帽，在寒風中通宵達旦地進行觀測。

　　受限於當時的條件，他的儀器非常簡陋，都是自己手工製作的，他將其中三件命名為：三弧儀、捕星器和象限儀。

　　憑藉對行星運行速度的觀測，哥白尼確信，地球確實在運動，而且圍繞太陽旋轉，太陽才是宇宙的中心。但恰恰因為地球

的自轉，產生了人們所熟悉的假象，以為整個宇宙都在圍繞地球運轉。後人還打了一個形象的比方：你見過整個爐灶圍着烤肉轉的廚房嗎？一定是烤肉自己在轉啊！

40 多歲的時候，哥白尼把他的觀察寫成了一本小冊子，在朋友中間流傳。很明顯，這些觀點有悖於哥白尼終身服務的教會。哥白尼也不想當一名激烈的叛逆者，他非常明白自己的學說必然引來仇視，所以直到快 70 歲時，他才決定正式出版著作《天體運行論》。1543 年 5 月 24 日，是他生命的最後一天，他在彌留之際摸到了出版商剛剛送來的新書的封面，然後就與世長辭了。

在《天體運行論》當中，哥白尼詳細記錄了從 1497 年至 1529 年間 50 多次觀測天體的數據，其中包括日食、月食，火星、金星、木星和土星的方位，等等。哥白尼觀測所得到的數據準確度驚人。例如，他計算得出的恆星年週期為 365 天 6 小時 9 分 40 秒，比今天的精確值大約多 30 秒，誤差只有百萬分之一；他得到的數據 —— 月球到地球的平均距離是地球半徑的 60.30 倍，和如今得出的精確值 60.27 倍相比，誤差只有萬分之五。

科學界普遍認為，哥白尼的《天體運行論》是科學革

命的起點，是現代科學的象徵。這不僅僅因為他提出了新的宇宙觀，更重要的是他所強調的觀測和數據。

25 年的堅持

雖然哥白尼正確地指出了是地球在圍繞太陽轉動，但他大大低估了太陽系的大小，同時錯誤地認為行星的運行軌跡是圓形的。這樣一來，哥白尼的觀測數據並不能完全符合他的「日心說」架構。要解決這些矛盾，當時的天文學家意識到，最需要的就是獲得更多的數據，其中最為執着的是丹麥天文學家第谷（1546—1601）。

第谷非常崇拜哥白尼，他曾經派專人去訪問哥白尼的舊居，並帶回哥白尼用過的儀器。當第谷第一眼看到捕星器時，他內心激動不已。他拿起來上下端詳，不敢相信哥白尼竟然用這麼簡陋的儀器發現了天體的奧秘。

第谷崇拜哥白尼的精神和成就，也認同「日心說」，但他卻認為地球本身不存在自轉，他也知道當務之急就是獲得更多的數據。1576 年，第谷說服了丹麥國王，他們花了一大筆錢在丹麥海峽的汶島建設了當時全世界最好的天文

台。第谷此後堅持了 25 年的夜間觀察，並把觀察數據全部記錄了下來。

　　長時間的觀測是極其枯燥的，但第谷不厭其煩，他對着一顆恆星觀測了 6 年，獲得了極為精確的位置數據，然後以它為基準，測量出了另外一千多顆恆星的位置。正是因為這些數據，天文學從對古代數據的依賴當中解放了出來，消除了一系列由於錯誤數據導致的錯誤結論。他的肉眼觀測精度之高，前無古人。後人評價說，第谷編纂的星表數據已經接近了肉眼分辨率的極限，同時代的其他人都望塵莫及。第谷留下的觀測數據為世界天文學的發展留下不可磨滅的貢獻。他去世後不久，伽利略就製造出了望遠

今天的汶島天文台遺址

鏡。可以說，第谷是人類歷史上最後一位，也是最偉大的一位用肉眼觀測天空的天文學家。

找妻子也要面試

科學史上的另一個重要人物 —— 開普勒（1571—1630），也是「日心說」的支持者。1596 年，開普勒把自己的思考寫進了他的第一本著作《宇宙的奧秘》，出版後他還給第谷寄了一本。第谷被裡面的數學計算公式和幾何推理打動了，他邀請開普勒擔任助手，但開普勒謝絕了。直到 1599 年，第谷被聘為皇家數學家，開普勒才投奔了第谷。

開普勒篤信數據和數學公式。關於他，有一則著名的趣聞：他有 10 個孩子，當妻子死於斑疹熱之後，他決定續弦。他相信要找到最好的妻子是有一個公式的，方法是「面試」11 位候選人。他每見一位女性就做一次記錄，這個記錄是一系列觀察的集合。例如，他見到第一位候選人後，記錄下這位女性有「口臭」；見到第二位候選人後，記錄下這位女性「有着超乎她身份的奢華」……他將所有的觀察列

成一個表，然後評分，最後確定一位女性是自己喜歡的類型，也是整個公式的「最優解」。但這位得分最高的女性居然不按數學規則行事，拒絕成為開普勒夫人。最終，開普勒選擇了另一位。

開普勒沒能得到最理想的婚姻，他與第谷的相處也不愉快。兩人一度爭吵、反目，直至分道揚鑣。但在開普勒出走之後，第谷又邀請他回到了身邊。其中的一個矛盾是，第谷不肯和開普勒分享他的數據。我們可以推測，這是因為第谷想把發現宇宙最大奧秘的機會留給自己。他讓開普勒觀察、計算火星的運動軌跡，卻只給了他很少的數據。

1601 年，第谷因病去世。他所有的繼承人都在爭奪他留下的財產，只有開普勒的關注點是第谷的數據。對開普勒來說，第谷的遺產中最有價值的就是數據。最終，開普勒獲得了這些數據，但他是如何獲得這些數據的，則是至今沒有結論的公案。1605 年，開普勒在一封寫給朋友的信中坦言：「第谷去世後，我利用了他的繼承人缺乏警覺的狀況，小心翼翼地獲取了觀測的數據，或者說佔有了這些數據……」

開普勒曾經斷言，如果把第谷所有的數據給他，他只

要 8 天時間就可以發現天體的運行規律。事實證明，他低估了其中的難度。在拿到數據之後，他整整工作了 8 年才發表了震世新定律。這是世界上前所未有、最細緻、最精確的數據。開普勒要回答的核心難題是：行星到底是在一個甚麼樣的軌道上運行？

無數個夜晚，開普勒面對着一張張鋪滿桌子、佈滿數據的恆星運行表苦苦思索。這是一個數據叢林，他竭力尋找一條與數據相符的真正軌道。年復一年，他想盡辦法，反覆嘗試了 50 多種曲線。這其中真正的困難在於，太陽系的星體都在圍繞太陽公轉，地球自己也在自轉，一切觀察都是兩種運動的疊加。開普勒後來想到一個很好的辦法：地球每 365 天就會回到同一個點，而其他的行星還在自己的軌道上運動，把每天取一次數據變成每年取一次，這樣就多了一個固定的參照。他用這個方法畫出了一個又一個行星的運行軌道。

最後，他得出了一個驚人的結論：只有讓行星沿着橢圓的軌道而不是圓形的軌道運行，哥白尼、第谷以及其他人數百年留下來的所有數據才能得到一個完美的解釋。而在此之前，2000 多年的傳統天文學告訴人類，行星運行是

以圓周為基礎，而且是勻速的。這意味着，開普勒必須和這個 2000 多年的傳統進行決裂！

開普勒的方法就是用數據研究科學，即從數據層面尋找規律。用這種方法發現的規律可能暫時還無法解釋清楚，但卻可能帶來巨大的啟示作用。開普勒用這種方法，還發現以太陽為焦點的按橢圓軌道運行的所有行星繞太陽運行一周所需時間的平方和橢圓軌道半長軸的立方成正比。這就是開普勒第三定律的主要內容。

這些卓越的發現基本解釋了整個天體的運行規律。開普勒因此被後人稱為「星體立法者」。

太陽系八大行星繞太陽運動的數據

行星	周期 / 年	軌道半長軸的長度 / 天文單位	周期^2 / 軌道半長軸的長度^3
水星	0.241	0.39	0.98
金星	0.615	0.72	1.01
地球	1.00	1.00	1.00
火星	1.88	1.52	1.01
木星	11.8	5.20	0.99
土星	29.5	9.54	1.00
天王星	84.0	19.18	1.00
海王星	165	30.06	1.00

根據新的曲線和規律，開普勒可以預測星體的運行了。1629 年，開普勒預言：1631 年 11 月 7 日將會發生一個非常新奇的天象，這一天，水星將會運行到地球和太陽之間，三者將會連成一條直線，在地球上將會看到一個黑色的小圓點橫向穿過太陽的圓面，這個小圓點就是水星的投影，這個現象被稱為「水星凌日」。但開普勒沒能親眼看到他的預測成真，他於 1630 年 11 月 15 日在拮据的經濟狀況中與世長辭。

　　1631 年 11 月 7 日這一天，預測者已經離去，法國天文學家伽桑狄（1592—1655）在巴黎用望遠鏡觀測到了水星

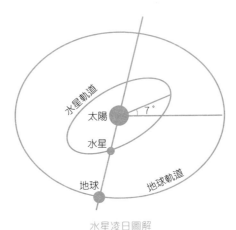

水星凌日圖解

這個黑色的小圓點在太陽的圓面上由東向西徐徐移動的全部過程。

值得一提的是，1609 年 11 月，就在開普勒走出數據叢林之時，伽利略第一次把望遠鏡對準了星空。通過望遠鏡，他看到了很多新的奇妙景觀，發現太陽系中還存在一些天體，它們在圍繞太陽之外的其他天體運動。這又證明了地球根本不是宇宙的中心。

但為甚麼行星可以不藉助任何力量就能夠沿着恆定的軌道不停地旋轉，並且速度會有變化，開普勒沒能回答這個問題。直到 1687 年，英國大科學家牛頓（1643—1727）給出了答案 —— 萬有引力。萬有引力也解釋了地球上很多物體的運動，人們終於明白，為甚麼站在地球底部不會掉下去；為甚麼地球在高速運轉，人們也不會被甩出去。牛頓把驅動行星旋轉運動的力和地球上的力聯繫了起來。從此，天空和大地在科學定律當中得到了終極的統一，科學革命迎來了真正的高潮。在這之後，科學進入了真正的加速階段，人類取得的各種巨大進步、發明創造不勝枚舉。

牛頓的發現從根本原因上解釋了天體運行的規律，這代表了科學研究的另一條路徑 —— 從基本原理的層面

解釋自然和社會。但大部分情況下，我們面對一個未知的世界，憑甚麼才能勘破現象直達本質呢？面對複雜的新問題，開普勒的方法往往更為有效。

　　回顧科學革命開啟的歷程，有一點啟發是很清楚的，那就是我們首先需要大量的觀測數據，當我們佔有的數據越多，就越有可能做出正確的歸納，發現科學的規律。

Chapter 4

「偵探醫生」斯諾

人類用量化的方式來看待事實、記錄事實，這促進了近代科學的出現。人們的生產生活也隨之出現了重大的改變，很多過去無法解決的難題，也通過實驗和數據得到了解決。現在，我們要講一個醫生如何通過科學實驗和邏輯推理拯救生命的故事。

霍亂來襲

　　工業革命是人類歷史上劃時代的變革，它在英國發生。但你肯定很難想像，1850 年前後的英國首都倫敦，作為當時全世界首屈一指的大城市，是個甚麼樣子。毫不誇張地說，它是一個被糞坑包圍、惡臭瀰漫的城市。

　　說起來這與抽水馬桶的發明有關。18 世紀末，英國人

發明了抽水馬桶，從 1800 年到 1850 年，抽水馬桶快速普及。與此同時，倫敦已經有了很好的自來水供應系統。坐上馬桶，糞便一沖而走，這極大地改善了大眾的生活。但令人想不到的是，馬桶的普及也帶來了災難性的後果。在當時，即使像倫敦這樣先進的城市，也沒有一套與之相匹配的污水處理系統。大多數抽水馬桶只是把污水和糞便排到了和房子鄰近的糞坑當中，而這些糞坑需要掏糞工人來清理，糞便還需要用馬車來運輸。

這時的倫敦正處在快速的城市化進程當中，擁有 240 萬人口，而它的面積卻只有 230 平方千米。到糞坑來拉糞便的馬，就是當時最主要的交通工具，這些馬也會隨地排泄。這樣一來，整個倫敦城瀰漫着糞坑、下水道、作坊、鍋爐以及牲口到處穿行散發的臭味。

一種可怕的烈性傳染病——「霍亂」開始流行。當時，這種病無藥可醫，染上就是等死，而且症狀十分恐怖：全身肌肉痙攣，不停地上吐下瀉，直到身體內的水分被排乾，十分痛苦。大面積的霍亂共暴發過 4 次，每次都有數以萬計的人死亡。其中 1848 年至 1849 年的暴發導致 5 萬人死亡，這引發了極度的恐慌。

但當時人類一直搞不清楚霍亂大面積暴發的原因，治療更是無從談起。主流的觀點認為城市裡的惡臭空氣是霍亂的源頭，即「瘴氣論」，甚至很多人鼓吹用除臭劑來阻斷霍亂的流行。

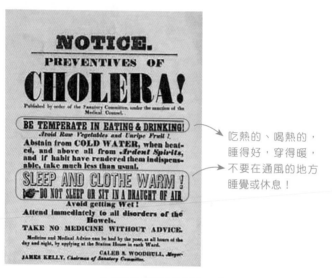

吃熱的、喝熱的，睡得好，穿得暖，不要在通風的地方睡覺或休息！

1848 年倫敦政府張貼的預防霍亂告示

可以設想，人們因此而緊閉門窗，每日祈禱，希望藉此逃脫死神的收割。

但事實上，霍亂是通過受污染的水傳播的。惡劣的給排水條件導致了飲用水和污水的互相滲透，正是這個原因

造成了「霍亂」的流行。不能保護水源，那所有抵抗、防禦和控制的措施都是無效的，可能還適得其反。倫敦城的第 2 次大霍亂期間，政府官員組織清掃垃圾，把含有病菌的污水排入河中，而河水又進入家庭，這無意間造成了霍亂的再一次擴大和傳播。可以說，大霍亂中的倫敦城，人們是在集體赴死卻不自知。這個錯誤，直到斯諾（1813—1858）醫生的出現，才發生扭轉。他運用數據和統計為武器，和奪走數十萬人性命的疾病展開了鬥爭。

瘴氣還是水污染

斯諾是一名醫生，尤其在麻醉方面非常成功，他每年要為數百台手術進行麻醉。1853 年，維多利亞女王的王子出生，就邀請斯諾擔任麻醉師。因此，斯諾也算是一名皇家醫生。

結束外科醫生令人討厭的時代

當時的麻醉術剛剛出現不久。在沒有麻醉術之前，在醫院

的手術室裡，常常會傳出病人慘絕人寰的哭叫聲。1846年，美國的牙醫莫頓（1819—1868）發現可以用乙醚來作為麻醉劑，以減輕手術中病人的痛苦，這種方法很快就傳到了英國倫敦。

斯諾發現，乙醚很神奇，但麻醉效果卻常常不穩定：有的時候非常完美，整個過程病人都處於昏睡狀態；但有的時候病人會在手術中突然醒過來；還有的時候病人根本就不會入睡。他推測根本的原因在於劑量，之所以難以控制劑量的多少，是因為氣體在不同溫度下的密度相差很大。

斯諾嘗試解決這個問題，他製造了一款乙醚吸入器。它通過控制水溫來控制乙醚的密度，進而控制病人的乙醚吸入量。為了得到精確的數據，斯諾把剛發明的乙醚吸入器固定在自己的臉上，讓乙醚吸入器釋放出乙醚氣體。幾秒之後，他的腦袋就耷拉在桌子上。等他一醒過來，儘管雙眼迷離，他還是強打着精神馬上拿起表記下他失去知覺的時間。他發現溫度每升高20華氏度，乙醚的劑量就應該增加1倍。斯諾把不同溫度之下乙醚的強度和用量製成了一張表，供醫生使用。

早在1831年，霍亂頭一次在倫敦暴發的時候，斯諾還

是一名學徒，他目睹了整座城市的生活如何被摧毀，於是他開始關注並研究霍亂這種病。當時的人們都傳言，霍亂是通過空氣傳播的，城市裡無處不在的臭味和瘴氣是這種傳染病的根源。

倫敦市政府有個統計學家，叫法爾（1807－1883），他的職責就是記錄人口的最新變化，例如出生、死亡和結婚。法爾非常有見地，在他接手霍亂疫情統計之前，辦事員僅僅是記錄死者的姓名和地址。法爾認為，增加記錄的變量就可提升數據的價值。他勸說醫生在報告死亡病例的時候，從他規定的 27 種疾病當中選出一個死亡的原因。所以經他統計的數據，不僅有年齡、地址和職業，還有死亡的原因。這給倫敦的醫生和衛生機構提供了一個新的制高點，他們第一次可以追蹤、調查城市流行病發生的時間、地點，分析其模式和成因。

但法爾也篤信「瘴氣論」。他認為，污濁的空氣會積聚在低處，高的地方空氣較好，因此居住在高處的人感染霍亂的可能性要小。於是，他在收集霍亂死亡案例的時候又增加了一個要求，記錄病人居住地的「海拔高度」。大霍亂期間，法爾每週都發佈倫敦市的死亡報表。巧的是，這

些數字好像真的顯示出海拔高一些的地方病人更少、更加安全。

1848 年，倫敦暴發了第 3 次大霍亂。斯諾發現，霍亂患者的最初症狀都是嘔吐、腹瀉。「如果真的是瘴氣傳播，那為甚麼最先被感染的不是鼻子和肺，而是腸胃？又為甚麼一家人當中會有倖存者，接觸患者的醫生也不會被傳染？」

斯諾斷定，細菌一定是經人的口腔進入腸胃的。他推測這極有可能是因為喝了不乾淨的水。但受限於當時的科學設備，看不到水裡的微生物。被霍亂細菌污染的水，看起來和正常的水一樣純淨透明。斯諾根本無法驗證他的觀點。

為了獲得更多證據，斯諾深入病區，他挨家挨戶地敲門，詢問患者喝水的信息。他發現了一個驚人的事實，1848 年至 1849 年霍亂暴發期間，倫敦市共有 7466 人死亡，其中 4001 人都居住在泰晤士河南岸。根據這些數據，可以看出南岸的死亡率是市中心的 3 倍，而倫敦西邊和北邊的死亡率很低。

對此，「瘴氣論」的流行解釋是，泰晤士河南岸聚居了

大量的勞工階層，污濁的空氣導致了更高的死亡率。

斯諾舉出反證說，倫敦東區比泰晤士河南岸聚居了更多的民工，是全倫敦最貧窮、最擁擠的地方，但死亡率卻只有泰晤士河南岸的一半。真正原因是南岸居民的飲用水都來源於泰晤士河，而北岸居民的飲用水有多個來源，泰晤士河只是其中之一。他分析了各個來源，發現死亡的人數和飲用水的來源有高度的相關性。

斯諾對飲用水的來源進行的分析

水源	家庭數／戶	死亡人數／人	萬戶死亡人數／人
飲用 A 公司的水	40046	1263	315
飲用 B 公司的水	26107	98	37

斯諾的調查數據表明，飲用 A 公司的水的家庭裡有1263 人死於霍亂，而飲用 B 公司的水的家庭裡只有 98 人死於霍亂。當然，單純比較死亡的絕對人數是不公平的。因為有的地區住的人多，有的地區住的人少。斯諾又按照每萬戶的死亡人數來對比，得出結論：飲用不同供水公司的水，死亡率會有高達近 8.5 倍的差距。

這究竟是甚麼原因？

斯諾又追蹤了兩個公司的水源，他發現，A 公司是在流經倫敦市中心的泰晤士河下游取水，而 B 公司是在其上游取水。當時的泰晤士河已經被霍亂患者的排泄物污染了。

斯諾告訴法爾，從數據上看，「瘴氣論」好像也是正確的，那是因為在海拔高的地方，人口的密度往往低，因此死亡的人口總數較少。另外，根本的原因不在於這些地方遠離瘴氣，而是居民遠離了泰晤士河，水源較乾淨。

1849 年，斯諾把這些調查和發現編寫成了一本小冊子 ──《霍亂的傳播方式》，正式提出了水污染是造成霍亂流行的真正原因。但他的觀點無人相信，大眾對「瘴氣論」仍然深信不疑。畢竟，嗅覺是人類的一種最原始的感覺，人類對自己感覺的迷信可謂根深蒂固。

法爾對斯諾的觀點也半信半疑，他提出：要測定水源對霍亂的影響，必須要有兩組居民。這兩組居民要生活在同一海拔高度，活動於同一空間，吃的東西要一樣，工作內容也要相同，唯一不同的條件就是飲用水的來源。但現實中的倫敦顯然找不到這樣的實驗條件。

不過，斯諾最終說服法爾，在他的統計當中增加了一個新的變量：死者的水源。

1854 年的秋天，霍亂又一次席捲英國。8 月 31 日暴發，3 天後就有 127 人死亡；10 天後，死亡人數攀升到 500 多，其中一個叫寬街的地方，死亡人數最多。

　　這時候的斯諾，每週總是在第一時間閱讀法爾的死亡報表，關注死者的水源，希望在表格和數據中尋找到線索。雖然法爾收集了水源，但根據這部分數據，斯諾卻做不出任何判斷。

　　為甚麼呢？

　　這是因為整個倫敦有十幾家大公司在為城市供水，各個公司的經營範圍互相交錯，供水管雜亂無章地交織在一起，僅憑地址無法準確判斷供水公司。

　　斯諾左思右想，無計可施，最後用了最笨的方法：上門走訪。但斯諾很快發現，即使挨家挨戶去敲開患者的門，得到的結果還是不完整、不準確的。這是因為很多住戶根本不知道自家的供水公司是哪一家，而有的住戶家中的水費可能是由房東支付的，並且很少有人保存收據。

　　苦心人，天不負。細心的斯諾又發現了新的線索。他在走訪中得知，某家公司的水所含鹽分是另外一家公司的 4 倍，憑藉這個差別就能判斷水的來源。這樣一來，他碰到

不知道哪家公司給自己供水的住戶，就取一小瓶水樣，在瓶上註明地址，然後拿回去分析。

在死亡人數高度集中的寬街，他發現：幾乎所有的死亡病例都發生在同一個街頭的水泵附近，只有 10 名死者的住所靠近另一個街頭的水泵。在這條街上，他還發現，有一家啤酒廠和感化院沒有一個人死亡。他實地走訪了這兩個地方，發現啤酒廠和感化院都有自己的獨立水井，而且啤酒廠的工人平常只喝啤酒，不喝水。斯諾更加確定，水就是人們感染霍亂的最終原因。

斯諾不僅追蹤每一起因霍亂導致死亡的病例，他還創新了記錄的方法，他將死者的地址在地圖上標註成一個一個的點。當所有代表死亡的點都被標註上去之後，地圖呈現的信息立刻清晰起來：霍亂絕不是像一團雲霧一樣逗留在該地區，而是從一個點輻射出去的，那就是水泵！斯諾用數據呈現了水源質量與病例之間的關係，圖表的視覺衝擊力一下子驅散了疑雲！

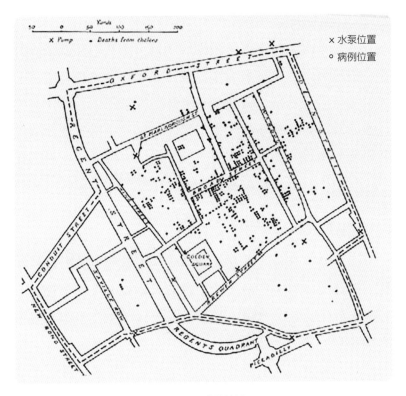

水泵和霍亂的傳播

註：這幅圖的各種版本出現在今天的各種教科書中，它已經成為數據可視化的一個標誌性符號，它展示和代表的並不僅僅是繪圖的技術，而是收集數據的科學原則和大無畏精神的體現。

　　9月8日這天晚上，是新一輪霍亂暴發的第十天。在政府組織的緊急會議上，斯諾展示了自己的數據和發現，並

建議立即封閉寬街上的水井，以此切斷霍亂的傳播。

這在當時是一個異常艱難的決定。因為如果斯諾搞錯了，那些備受瘟疫折磨的家庭還將沒有水喝、沒有水用，這無異於雪上加霜。但斯諾在會議上慷慨陳詞，請大家相信他的數據和分析。如果他是對的，這個舉措將會挽救無數的家庭和生命。市政理事會最後投票決定採納斯諾的建議，立即拆除了寬街上的水井的水泵手柄，以控制水井的使用。

寬街的霍亂由此慢慢平息下來。

後續調查證明：寬街 40 號有 1 名女嬰曾被確診患了霍亂。而女嬰的母親把洗尿布的水倒入了家門口的化糞池。距離這個化糞池不遠處，就是前面提到的死亡病例高度集中的那個水泵。化糞池裡的穢物不斷地滲透到土裡，導致飲用水被污染。如果當局沒有及時拆除水泵，後果不堪設想。

在我看來，斯諾是一名英雄，真正的、有頭腦的英雄。無論幹哪一行，那種流於表面的實驗和觀察都無濟於事，最高水平的成就來自於對規律持之以恆的細緻跟蹤和研究。正如斯諾，如果沒有他的行動，或者他的行動有一

點兒走形的話，寬街的霍亂乃至整個倫敦市的局面將會完全兩樣。也就是說，斯諾運用數據做出的判斷及時地預防了寬街霍亂的再次暴發。這之後，有識之士逐漸接受了斯諾的觀點：霍亂細菌是通過污水傳播的。倫敦市政府也因此下決心建設一套新的、現代化的下水道系統，把污水處理和生活供水徹底分離開來。但在此之前，斯諾已經離開了人世。

斯諾因病去世，時年 45 歲。據說他的早逝跟年輕時做實驗吸入了太多的麻醉氣體有關。今天，斯諾被全世界尊稱為「現代流行病學之父」。但在他離世之前，他對霍亂的發現和貢獻並沒有得到社會的廣泛認可。據斯諾的一位朋友回憶，他對此已有預見，他談到他的觀點不被認可時如先知一般平靜，他是這麼說的：

很可能你和我都活不到那一天，等那一天到來的時候，也許沒有人還記得我的名字，但是到了那時，霍亂的大規模暴發就成了往事，人們掌握了霍亂傳播的方式，霍亂由此終結。

紀念斯諾的水泵和以「斯諾」命名的酒吧

　　1868 年，整個倫敦市的下水道系統完全投入使用，倫敦的惡臭漸漸消失，飲用水的質量逐步提高。這套系統一直使用到今天，仍是倫敦市污水處理的中流砥柱。自此之後，霍亂徹底成為了歷史，再也沒有在倫敦出現過。

Chapter 5

「算」出來的勝仗

算「人」，算「糧」，還要算「錢」

　　斯諾用數據和對數據的統計分析拯救了大批的生命，而有位將軍則將數據意識用在了戰場上，真正成了一個知己知彼、料敵於先的「諸葛亮」式的人物。

　　美國的南北戰爭爆發時，林肯剛剛就任總統。他的第一反應是極力避免戰爭。於是一上任，他就調來了第 8 次全國普查數據。

　　面對着最新的數據和美國地圖，林肯徹夜憂思。首先，他想用數據證明，即使兩方有水火不容的分歧，戰爭也不是最佳選擇。林肯提出了由政府出錢、為奴隸贖身的計劃，但一算賬，發現聯邦政府的預算不夠！林肯又要來了各個州的黑奴明細，他一個州一個州地計算，最後向南

方各州正式提出了一個關於政府贖買奴隸的財政補償方案。

　　但這時候，南方聯盟因為在戰場上連連取勝，對林肯的提議不屑一顧。林肯意識到戰爭無法避免，就要來了另一份數據明細，詳細對比了全國各州的潛在軍事力量。令他欣慰的是，全國 18 歲到 45 歲之間的青壯勞力，69% 左右集中在自由州。即使中間的搖擺州全部倒戈，南方的軍力也不足。這份數據，給林肯吃下了一枚「定心丸」。他深信，勝利最終屬於北方。

　　算完了「人」，林肯又開始算「糧」。但當時沒有真實的年度數據，只能推算。於是在 1862 年，林肯下令成立了美國農業統計部。

　　除了要人、要糧，想打勝仗還要有錢。沒多久，為了給戰爭籌款，林肯又決定開徵新的稅種，這又需要以人口數據為基礎，進行詳細的規劃和計算。

林肯（1809 — 1865）

　　我們先來了解一下美國的人口普查制度。最初的人口普查就是點人數。美國立國之初就在憲法當中規定，每 10 年必須進行一次人口普查，因為要根據

最新的人口數量分配各個州在國會當中的議席以及各項聯邦資金。此後，隨着數據的價值凸顯，普查範圍開始逐步擴大，慢慢超出了單一的統計人口數量的範疇。

隨着戰事的展開，一線指揮官索要數據的要求也接踵而來。在各地駐紮的部隊都需要掌握當地的經濟實力和工廠的多少、分佈，以及製造炸藥等武器的能力。最後，為應對各級指揮官對數據的需求，普查部門的統計人員直接被派駐到戰爭委員會，隨時為指揮部提供數據支持。

一線指揮官對數據的迫切需求也催生了普查部門的創新。普查人員在地圖上標註各地人口的多少，並藉助顏色的深淺來表示各個地區的人口密度。其中不乏一些明細數據，如白人多少、自由黑人多少、奴隸多少以及各個人群年齡的分佈，再輔之以當地的面積、各類農作物的產量、騾馬等牲畜的數量，然後將這些數據下發各級指揮官。這是普查部門早期重要的創新，也是美國歷史上對數據可視化最早的探索和嘗試。

兵馬未動，數據先行

地圖和數據在很多戰役中發揮了重大的作用，其中最為著名的應用就是謝爾曼（1820－1891）將軍領導的「向大海進軍」（March to the Sea）了。謝爾曼是美國南北戰爭中的一代名將，也是北方陣營中除總統林肯、總司令格蘭特之外的 3 號風雲人物，因為其卓越的軍事才能而名垂青史。

1864 年 8 月，戰爭如火如荼。謝爾曼受命率領 6 萬大軍挺進南方的中心城市亞特蘭大，他攻佔亞特蘭大之後，採取了後世歷史學家公認為整個南北戰爭中「最為大膽、最為關鍵的一次行動」── 揮師東進橫穿佐治亞州，一路打到美國東部的海岸線。

「數據將軍」謝爾曼

兵馬未動，糧草先行。傳統的做法是，在軍隊行進過的公路、河流和鐵路逐級部署，建立層層相連的供應鏈，以確保食物、彈藥能源源不斷地供應給前鋒部隊。

身經百戰的謝爾曼當然明白這個道理。在進入佐治亞州的地界之前，他已經詳細地了解了當地的情況。其中，普查部門提供的各種數據給他留下了深刻的印象。這些數據表明，佐治亞州物產豐富、人民富有，堪稱「魚米之鄉、奶蜜之地」。一段時間以來，在顛簸的馬背上，這些數據不斷浮現在謝爾曼的腦海，一個大膽的計劃正在醞釀成型。

　　9 月 2 日，謝爾曼攻陷了佐治亞州的首府亞特蘭大。南方軍隊在撤離之前，縱火燒毀了各種重要設施，城內一片火海，一連燒了幾天，史稱「火燒亞特蘭大」。但在破城的第一時間，謝爾曼就命令身邊的近衛部隊立即佔領州政府的辦公室，搜尋一切可能獲得的地圖、財稅明細和各種表格。

　　盤桓在謝爾曼腦海的計劃是個巨大的冒險，他需要更多的數據來支持。畢竟，目前的普查數據，是 1860 年的調查結果。4 年過去，各地的情況可能有所改變，新的地方財稅數據可以起到補充和印證的作用。

　　駐紮在亞特蘭大期間，謝爾曼每天都站在地圖的前面，眼前滿是數據。他盯着地圖，不時向身邊的參謀發問，參謀們則迅速「報數」。聽着報出來的一連串數字，後

勤參謀則在一旁快速地計算出這些資源可以支持一支隊伍幾天。

　　謝爾曼的冒險計劃是：切斷自己的後方補給，帶領全體部隊全力突進、穿越整個佐治亞州。他試圖以數據為「航標」，根據農場、牲畜、集市、車站等重要資源在各地的分佈，通過精心的計算，確定最佳的行軍路線和在各地的停留時間。沿着這條路線，部隊必須能夠在當地完成補給，並最少地遭遇敵方的正面阻擊。

　　謝爾曼將這次行動稱為「向大海進軍」，目標是東部沿海重鎮薩凡納。他的部隊官兵共 62000 人，其中步兵 55000 人、騎兵 5000 人、炮兵 2000 人，戰馬 35000 匹，各類車輛輜重 2500 輛。這是一支龐大的部隊，從亞特蘭大到薩凡納，共 300 多千米的路程。這條行軍路線被後世稱為「毀滅之路」。謝爾曼自斷糧草、孤軍深入的做法並不是不需要補給。他的策略是根據數據確定食物和資源的可能方位，完全靠在當地「打劫」來維持補給，同時，摧毀沿途的集市、工廠、鐵路、橋樑等重要的社區和基礎設施。換句話說，一是搶光，二是毀光。謝爾曼認為，他的計劃一石二鳥。他公開宣稱，正是要通過這種焦土政策，摧毀南方的

一切，讓南方的百姓品嘗到戰爭的慘痛後果，世世代代都
不敢再脫離聯邦。

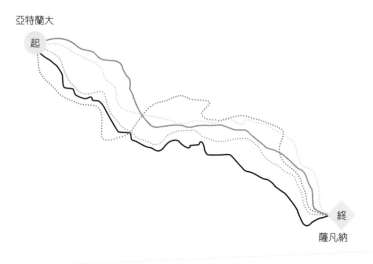

「向大海進軍」的行軍路線圖

　　為盡量獲得資源，謝爾曼將其部隊分為 5 路大軍。
其中騎兵為機動力量，在緊急情況下對其他 4 路大軍進行
支持和救援。各路大軍都沿着普查數據表明有足夠資源的
路線行進。其中，米利奇維爾市位於鮑德溫縣。謝爾曼認
為該縣足夠富裕，因此該地區被定為其中 3 路大軍的會合
之處。

在詳細計算了 5 條行軍路線沿途的資源之後,謝爾曼相信「不僅會有足夠的糧食,而且沿途會有足夠的騾馬,以更換所有的馬匹」。事實證明,他的預測完全正確,到達薩凡納之後,其部隊的馬匹幾乎全部更換,處於更加精良的狀態。

可以想像,為搜尋一切可能的補給物資,謝爾曼大軍所到之處,當然挖地三尺、雞犬不留。據他的行軍日誌的記載:「6 萬餘人的大軍,共 40 個旅,每天每個旅派出 50 人去搜尋食物。他們步行出發,但回來的時候,每個人都騎着馬,並拉着幾車牲畜和土豆。」謝爾曼後來向格蘭特報告說,部隊沿途共消耗騾子 15000 頭,牛 10000 多頭,雞鴨無數,這些全部來自農家田舍。也因為這種大肆劫掠的做法,沿途的農舍、居民集聚區、工廠等重要的社區和設施都被完全摧毀。這也是這一行軍路線被稱為「毀滅之路」的根本原因。

這時候,林肯 4 年的總統任期臨滿,正在競選連任。前方戰情的變化可謂牽一髮而動全身。林肯親自操心軍糧的籌備,謝爾曼卻表示完全不用。林肯認為這種冒險違背常理,可能導致 6 萬餘人的大軍因為飢餓而潰散、不戰自

敗，為此兩人意見不一。但總司令格蘭特相信謝爾曼的判斷，最終批准了謝爾曼的冒險計劃。

謝爾曼自斷後路式的突襲，也切斷了他和指揮部的聯繫。前方戰事吃緊，林肯在白宮翹首以盼，卻一連 5 週杳無音信。12 月 23 日，臨近聖誕節，坐立不安的林肯終於收到了前線的電報。謝爾曼在信中說，薩凡納已經被攻陷，這是他送給總統的新年禮物。林肯喜出望外，他回電說：「此舉成功，榮譽盡歸你所有。請將我的感激和謝意轉達給全體官兵。」

謝爾曼同時給普查局局長發去了感謝信，信中說：「在這場戰爭瀕臨結束時發生的種種事件證明，您給我提供的各種統計表格和數據價值巨大。沒有它們，我不可能完成任務。這些任務，對世界上最敏捷、最有經驗的部隊而言，都是像迷宮一樣的難題。」

這個時候，總司令格蘭特的部隊與南方軍隊膠着在弗吉尼亞州，動彈不得。謝爾曼率軍進入南方的腹地，再度攻城略地。幾個月後，南北戰爭畫上了句號。

「向大海進軍」，是歷史上「全面戰」的重要案例。謝爾曼在戰爭期間對南方進行的毀滅性的掃蕩令其備受爭

議，但誰也不能否定他對南北戰爭的貢獻。謝爾曼的行為，不是偶然的。後來格蘭特評價說：「無論在行軍的馬背上，還是在駐紮的營地裡，或者在指揮中心，謝爾曼無時無刻不在思考。」後世的歷史學家認為，謝爾曼行軍打仗的方法，表明他是美國歷史上第一位具有現代意識的將軍。

多年後，謝爾曼在回憶往事時，又談到「向大海進軍」這次突襲。他總結說：「歷史上沒有任何一次行軍遠征，曾經建立在像這次一樣完善和確鑿的數據之上。」

對於與謝爾曼所面對的遠征軍補給類似的問題，北宋科學家沈括（1031—1095）就做過詳盡的數據分析，他在《夢溪筆談》這本書裡展示了計算的過程：

1 個士兵可以自帶 5 天的乾糧，1 個民夫可以背 6 斗米，如果 1 個民夫供應 1 個士兵，兩人同吃同行，其糧食能支持部隊進軍 18 天，若計回程，只能行軍 9 天；如果 2 個民夫供應 1 個士兵，單程能行軍 26 天，若計回程，只能行軍 13 天；如果 3 個民夫供應 1 個士兵，而且每吃完 1 袋米，就遣返 1 個民夫，單程最多可行軍 31 天，若計回程，只能行軍 16 天。

沈括繼續分析說，對一支 10 萬人的大軍而言，隨軍輜

重就要佔去三分之一的兵力，最後真正能上陣的士兵其實不足 7 萬，如果 1 個士兵需要 3 個民夫供應的話，就需要徵召 30 萬民夫，30 萬人還需要組織和管理，這又要增加額外的人手。但就是這 30 多萬人的龐大後勤，也只能支持部隊行軍 31 天。

沈括因此做出結論：凡行軍作戰，應該爭取從當地獲取糧草和補給，這是最為緊迫的事情；否則，不僅耗費大，而且走不遠、跑不快，作戰能力極為有限！

沈括的分析有數有據，但如何在當地獲取補給，受限於時代，他回答不了這個問題，因為他根本沒有更多的數據支持。

正是因為沒有建立系統收集數據的制度，在中國幾千年的文明史中，關於數據的分析難成體系。

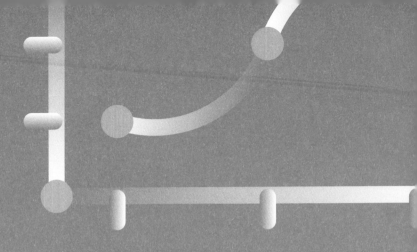

Chapter 6

做個「預言家」

數據看起來能量很大，能解決很多的難題，甚至可以成就一個國家。那你肯定會問了，數據這麼能幹，能測天測地，能不能測出人的心理呢？這真是一個切中要害的問題。人類熱衷於預測，如果仔細想一想，你會發現人類所有的努力都是在對未來進行預測，沒有甚麼比預測更令人激動的事了。

持續百年的預測遊戲

　　最早的測人心遊戲起源於「你支持誰來當總統」。1824年，為了預測誰能當選美國總統，賓夕法尼亞州的一份報紙派出若干名調查員。他們在車站、街角、餐廳等人口集中的地方，詢問、記錄人們的觀點，然後根據調查結果，

在報紙上預測誰能當選，以引起大眾的關注和討論。事實上，他們發佈的第一次預測是錯誤的，但大眾卻很喜歡，還對此津津樂道。

這個「搶眼球、聚人氣」的話題，很快就引起了各大報紙的跟風和競逐。美國一是選舉多，二是報紙多。根據美國的憲法，各級行政長官及國會議員、地方議員都需要經過選舉產生，並有一定的任期。在這種制度的安排下，大大小小的選舉活動便在美國長年累月、周而復始地發生。每一次選舉，誰能當選不僅牽動候選人的心，而且牽動着大眾的神經。在報紙的推波助瀾下，對選舉結果的預測和研究，逐漸成為大眾政治生活中的重要內容，而且獲得了一個更響亮的名稱：民意調查，即通過調查，預測民意的走向。

為了準確地預測到底誰能當選總統，各大報紙、雜誌都爭相開展民意調查，這開啟了民意調查的時代。蜂擁而上的結果，就是競爭。競爭的結果，就是民意調查的科學性不斷提高，範圍不斷擴大。在 20 世紀 30 年代，最終形成了一個商業化的調查產業。

黑馬崛起

最為重要的轉折點，就出現在 1936 年。這一年，第 32 任美國總統羅斯福（1882—1945）為了爭取連任，和共和黨的蘭登（1887—1987）對壘，打響了競選戰。這時候，一本叫作《文學文摘》的雜誌風頭正勁。

《文學文摘》創刊於 1890 年，它暢銷的主要原因是，準確地預測了 1920 年、1924 年、1928 年和 1932 年這 4 年總統大選的結果。隨着該雜誌銷售量的逐年攀升，民意調查的熱度和可信度也不斷上升。

1936 年，《文學文摘》在對 240 萬普通民眾進行了調查之後，把「寶」壓在了蘭登的身上。這個時候，一家剛剛成立不久的研究所只對 5000 人進行了調查，卻宣佈羅斯福會勝出。

這家研究所就是 1935 年成立的美國輿論研究所（AIPO），它的奠基人是美國民意調查科學化的先驅：蓋洛普（1901—1980）。蓋洛普和《文學文摘》在報紙上大打口水仗，互相攻擊對方的調查方法「不科學」。這一仗，成了《文學文摘》的「滑鐵盧」，羅斯福最終以大比分擊敗

蘭登，成功連任。《文學文摘》雜誌社次年就宣佈破產，退出市場。5000 人的問卷擊敗了對 240 萬人的調查，專家學者和社會大眾都大跌眼鏡。蓋洛普也如同一匹黑馬名揚全美，成了新的行業領袖。從 1824 年到 1936 年的一百多年間，民意調查的主要目標是追求：調查群體的「大」。當時大家都相信，只有更大，才能更準。但對這種做法，也有統計學家提出不同的意見：只要方法得當，就可以從總體當中抽出一部分有代表性的個體，通過研究部分個體的特點，從而推斷出總體的屬性。這就是我們常說的「一葉知秋」。

蓋洛普成功的法寶是「科學抽樣」。他沒有盲目地大面積訪談調查，而是根據選民的人口特點，確定家庭主婦、工人、農民、老人、中年人、青年人等各類人群在 5000 人的樣本中應該佔有的份額，再確定電話訪問、郵件訪問、街頭訪問等各種調查方式所佔的比例。由於樣本找得準，所以能夠以「小」見「大」。《文學文摘》失敗的原因也正是因為抽樣不科學。它的調查對象主要是其雜誌的訂戶，雖然訪問的對象多，但都集中在中高收入群體，由於樣本不均勻，造成了結果的偏差。

蓋洛普這位數據大師還是個精明的商人，他很快就將抽樣方法輸出到英國和法國等國家。1945 年英國大選，絕大部分人都認為，首相丘吉爾（1874—1965）勞苦功高，必定連任，但蓋洛普卻預測工黨的領袖艾德禮（1883—1967）將擊敗丘吉爾。沒想到他又一語中的，傳奇再次上演。隨着蓋洛普盡出風頭，民意調查也被越來越多的國家接受。到 20 世紀 50 年代，民意調查逐漸發展成為一個獨立的產業。

　　在這個日益興旺的民意調查產業當中，「政治選票」預測是發家本領。出人意料的是，下一個接棒的居然是「電影票房」。通過對電影票房的預測，蓋洛普迅速成功地把業務推廣到了商業領域，開啟了一個市場調查的嶄新時代。

荷里活也需要數據

　　還是 1936 年，就在羅斯福和蘭登競選戰正酣的時候，一本叫作《飄》（*Gone with The Wind*）的小說突然闖進了大眾的視野。

　　小說之所以好看，是因為人物形象生動鮮明，故事

接地氣。米歇爾以南北戰爭中謝爾曼發動的數據遠征「向大海進軍」為背景，描寫了亞特蘭大一名富家千金郝思嘉（Scarlett）在戰爭中的輾轉命運。郝思嘉在農場主家庭中長大，從小備受嬌寵，養成了任性、敢作敢為的性格。「向大海進軍」摧毀了她生活的農莊，在顛沛流離的境遇中，她的愛情生活也遭受了一系列的波折和打擊。郝思嘉常常犯錯，她不斷否定自己，又不斷鼓勵自己——用樂觀、堅強的態度去重建自己的家園和愛情。

1936 年 6 月，新書上市，首發 1 萬冊，迅速告罄，接下來的幾個月不斷加印，一時洛陽紙貴。這本書的成功引起了荷里活的關注。有的導演大聲叫好，有的導演卻嗤之以鼻。意見之所以不統一，是因為在此之前，荷里活出品的以南北戰爭為題材的電影部部虧本，沒有任何一部賺錢。又是南北戰爭的題材，荷里活的大佬們當然都擦亮了眼睛，格外小心。但在影片版權的談判中，版權方卻喊出了高價。他們認為，雖然書的印量只有幾萬冊，但小說正風行全國，通過借閱式的流通，實際的讀者數量已經達到了印量的 10—20 倍。

但這畢竟只是單方面的估測，荷里活的投資者們因此

猶豫不決。很快，電話打到了蓋洛普的公司，他們想請蓋洛普做一個調查，用數據來證明《飄》到底有多流行。

　　一星期之後，蓋洛普告訴委託方，此書非常流行，每10 個受訪者就有 8 個表示聽說過這本書。於是，新書上市後不久，荷里活著名的製片人塞爾茲尼克（1902—1965）用 5 萬美元的高價收購了《飄》電影版的版權（電影版為《亂世佳人》）。

　　此後，塞爾茲尼克又委託蓋洛普調查到底有多少人讀過這本書。經過幾輪調查，1937 年 1 月，蓋洛普肯定地告訴他，《飄》已經成為美國有史以來最流行的小說，共有1400 萬美國人讀過這本書。由此塞爾茲尼克信心大增。

聽我的，沒錯！

　　但還沒有等到電影開機，製片人、劇組和發行商之間就爆發了爭議。爭議的問題林林總總，從電影的時長、是否分為上下部，到黑白還是彩色，再到演員的選取、廣告的設計，三方都各有說辭，吵成了一團。特別是塞爾茲尼克宣佈選擇英國的女演員慧雲李（Vivien Leigh ，1913—

1967）飾演郝思嘉之後，引起了更大的爭議。因為涉及美國獨立、黑奴解放等重大歷史事件，有部分南方民眾認為邀請英國人擔綱女主角，有失國格，呼籲全美進行抵制。發行商也因此強烈反對製片人的這個決定。

塞爾茲尼克再次委託蓋洛普調查關於爭議問題的方方面面。蓋洛普的調查一直持續了兩年，其結果表明，大部分人不反對電影分上下兩部；60% 的觀眾想看彩色的電影；35% 的受訪者對女主角的人選表示滿意。

塞爾茲尼克後來回憶說，這些數據不再是個人的觀點，而是實證的支持，不僅幫助平息了三方的衝突，也讓他挺起了腰桿，和發行商談判。

1939 年 1 月，隨着蓋洛普的調查全部完成，電影開機拍攝。拍攝方在重大問題的決策上幾乎全部聽取了蓋洛普的意見，影片分為上下兩部、時長為 238 分鐘、彩色，請慧雲李做了主演。最後，蓋洛普還給了製片方一個結論，說這部電影將有 5650 萬個觀眾，其人數之多，將創有史以來的票房之最。

雖然劇組最後幾乎採納了蓋洛普全部的建議，但對 5650 萬個觀眾這個「大」數據，沒有一個人當真，甚至包

括塞爾茲尼克本人。但蓋洛普卻一直都信心十足。在新片上市前，他又向塞爾茲尼克建議說，這個巨大的潛在觀眾群體，主要是小說的粉絲，所以影片的廣告要突出「書」。塞爾茲尼克也接受了這個建議，首輪電影廣告的設計，從圖形到字體，他完全仿照了小說的封面。1939 年 12 月，電影上線，全美各地的影院都人滿為患，紐約時代廣場的國會電影院一天的觀眾竟高達 11000 人，創下了歷史紀錄。故事的發生地亞特蘭大市甚至將首映日定為節日，舉城歡慶，成為轟動性的文化盛事。

在接下來的 4 年內，《亂世佳人》的發行商一共推動了4 輪上線。每次上線，發行商都會根據蓋洛普的最新調查結果，調整廣告和票價。1942 年 1 月，在第 3 輪上線時，蓋洛普的調查結果是：第 3 輪上線的潛在觀眾群體有 1250萬，其中 66% 還沒有看過這部電影，這 66% 大部分是 30歲以下、收入較低的年輕人。蓋洛普因此建議，不僅要調整票價和廣告的策略，還要設置適合這個群體觀看的放映時間和放映地點。針對廣告，蓋洛普提出，因為這一輪的觀眾中年輕人和低收入者居多，廣告的畫面不要突出重大歷史事件，而要突出人的情感。於是，這一輪的廣告當

中，刪除了火燒亞特蘭大等歷史場景，取而代之的是男女主人公離別的畫面。

對於可能重複觀看這部電影的觀眾，蓋洛普指出，其廣告策略應該是強調「重複」行為背後的「理性」。一是邀請多次看過電影的社會名流現身說法；二是隨同廣告發佈一些關於電影情節的詮釋以及類似於「你知道嗎」這樣的劇情測試，以激起老觀眾發現這部電影的新亮點。

蓋洛普提供的數據和推廣策略讓發行商連連點頭，再次全盤接受。第 3 輪上線果然又取得了巨大的成功。1943年 7 月，發行商準備推動《亂世佳人》的第 4 輪上線。這一次，大家都認為數據確實重要。但有人提出，蓋洛普的調查太貴了，類似的調查可以自己搞。塞爾茲尼克堅決反對，他在給劇組的信中說道：

在電影首輪發佈時，蓋洛普預測的準確性簡直到了驚人的地步。而且，他對第 3 輪上線的調查也同樣細緻徹底，他指出我們廣告中的戰略錯誤，並以同樣的精度預測了結果，甚至告訴我們各個城市的票房和全國平均水平的差別……我個人也有評估一部電影是否成功的經驗，但幾十年的經驗告訴我，業餘愛好者對一

部影片的評估以及電影公司附屬機構做出的調查都有很大的局限性，無法和蓋洛普這樣的專業機構相比。

在他的反對下，發行商最後還是高價雇用了蓋洛普。塞爾茲尼克關於市場調查「需要外部專家」的意見，也為後世荷里活大部分電影製片人所接受。

最後，通過 4 輪上線，《亂世佳人》一共售出了 5997 萬張電影票，票房毛收入為 3400 萬美元，而 1940 年美國人口普查的人口數量僅為 1 億 3000 萬人。

如蓋洛普所預測的，《亂世佳人》的成功是開創性的，它成了當時美國有史以來票房最高、最賺錢的電影。特別是蓋洛普關於 5650 萬個觀眾的預測，和最終結果 5997 萬人相差才 6% 左右。這讓人們嘖嘖稱奇，佩服得五體投地。

憑藉這種精度，蓋洛普徹底把數據帶進了美國的電影行業。1940 年，蓋洛普成立了觀眾調查研究所（ARI），專門為影視行業服務。除了荷里活，迪士尼也成了他的重要客戶。1940 年之後，迪士尼每一部大片的開拍、每一個主要角色的設計，都要先經過蓋洛普的市場調查和數據推演。毫不誇張地說，蓋洛普的數據影響了無數演員的演藝

生涯和影片的命運。這之後，越來越多的投資方都利用市場調查來決定是否投拍一部電影。到今天，這種數據驅動的決策方法，已經成了美國電影製片人的常規武器。

獨門秘籍

蓋洛普為《亂世佳人》開展的一系列調查可謂煞費苦心。這個過程也說明，一個成功的調查，除了抽樣，問題的設計也很重要。

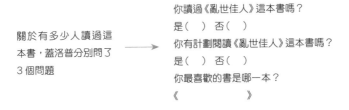

關於有多少人讀過這本書，蓋洛普分別問了3個問題 →

你讀過《亂世佳人》這本書嗎？
是（　）否（　）
你有計劃閱讀《亂世佳人》這本書嗎？
是（　）否（　）
你最喜歡的書是哪一本？
《　　　　　　》

之所以問 3 次，是因為第 1 個問題會引起數據失真。大眾普遍存在自誇心理，問一個人有沒有讀過一本流行的書，容易得到誇大的結果。如果問「閱讀計劃」，結果會更真實。而第 3 個問題，屬於開放性的提問，可以從另一個

側面來印證《亂世佳人》的流行程度。

關於電影是否會受歡迎，蓋洛普也分別問了 3 個問題，他發現，即使同一個問題，如果給受訪者提供的選項不同，調查結果也會不同。通過給不同的選項，可以更準確地把握觀眾意願的強烈程度。

問卷大調查

關於電影是否會受到歡迎，蓋洛普也分別問了 3 組問題。

如果電影上市，你會去看嗎？
□肯定會
□可能會
□不好說
□可能不會
□不會

→ 5 個答案中有 3 個傾向否定。

如果電影上市，你會去看嗎？
□肯定會
□可能會
□一半以上的可能
□一半的可能
□少於一半的可能
□可能不會

→ 在了解到觀眾有較強的觀看慾望之後，肯定傾向的選項增加為 4 個。

如果電影上市，你有多大可能去看這部電影？
（　　　　　）

→ 開放式提問。

關於電影的女主角人
選，問了兩次，通過不
同的措詞，試圖精確地
把握人們的反對程度。　　→

你對女主角的人選慧雲李滿意嗎？
滿意（　）　不滿意（　）
如果慧雲李飾演女主角，你看不看？
看（　）　不看（　）

你最近一個月看過電影嗎？
是（　）　否（　）
你喜歡彩色電影嗎？
是（　）　否（　）
你為甚麼喜歡彩色電影？
（　　　　　）
一部電影，在甲影院是彩色版，
在乙影院是黑白版，你會選擇哪
個影院？
甲（　）　乙（　）

根據「看過」和「沒有
看過」把人分為兩類，
後繼 3 個問題按類進
行分析。

關於電影是否要彩色，
一共問了兩次，每次 4
個問題，第一個問題把
不同的人群篩選出來，
因為經常看電影的人
和不經常看電影的人，
其要求和期待不一樣。

你上次看電影是甚麼時候？
（　　　　　）
你喜歡彩色電影嗎？
是（　）　否（　）
你為甚麼喜歡彩色電影？
（　　　　　）
一部電影，在甲影院是彩色版，
在乙影院是黑白版，你會選擇哪
個影院？
甲（　）　乙（　）

根據不同的回答，蓋
洛普把人分為 50 個類
別，在這個細分的基礎
上，再對後繼 3 個問
題按類進行分析，以期
精確地了解各類人群
的觀點。

慧雲李之所以引起爭議，是因為她是英國人。但注意，這裡蓋洛普沒有問：「慧雲李是英國人，如果她演這部電影，你看不看？」因為如果這樣問，有誘導性，可能得出不客觀的結論。這種誘導性的提問也是調查人員試圖操縱調查結果時常使用的手段。例如，如果問卷調查民眾是否支持建設核電站，又想得到否定的回答，可以這樣問：蘇聯的切爾諾貝利核電站爆炸造成了幾十萬無辜人員死亡，你是否贊成我們修建核電站？

這些問題看起來有點兒囉唆又有點兒燒腦，但往往能直達人心的深處。調查一兩個人也許有偏差，但調查成千上萬人就會呈現出規律來，這正是預測行業的科學依據。

Chapter 7

四年完成一個奇跡

自蓋洛普起，數據統計和分析成了一個產業，但這還不是數據運用的極限。在蓋洛普的同時代，還有一個更偉大的數據傳奇。一個在美國默默無聞的小人物，卻是日本人眼中的英雄。他成就了日本，日本也成就了他。

他，就是戴明。

不停跨界的物理學博士

戴明（1900—1993）是個神奇的人物。他的職業生涯可以說是一部讓人眼花繚亂的跨界史，先物理、後統計、再管理，這個過程曲折起伏。

1925 年，戴明剛剛碩士畢業，他的第一個工作地點是西電公司下屬的霍桑工廠。但這個時候，他又被耶魯大學

錄取了。是否要去讀博士，他猶豫不決，因為耶魯大學的博士文憑不好拿，許多人進去了，卻終身畢不了業，而西電又是一家著名的大公司。

這時候，他的一位領導告訴他，一旦從耶魯大學畢業，西電公司肯定還會雇用他，而且一年的工資會漲到5000美元。戴明當時一年的工資是1200美元，5000美元這個數字令他大吃一驚。這位領導還說，價值5000美元的人並不少見，西電之所以雇用他們，是希望有一天他們能夠成為價值50000美元的人才，為公司創造更多的財富。

這段對話讓戴明終身銘記。後來他在回憶錄中寫道：「我認識到，優秀的人才並不少見，公司最需要的，是能夠不斷學習、永遠保持進步的人。」這段經歷也成了他後來不斷學習新知識、轉換研究領域的動力。

兩年之後，戴明獲得了物理學博士學位，他選擇了在固氮實驗室研究氮氣對農作物生長的作用。戴明的研究要用到數據和統計。作為統計專家，他參加了美國的第14次人口普查。後來，他還接受了美國國防部的邀請，研究如何提高武器生產的質量，這讓他進入了質量控制的領域。當第二次世界大戰結束的時候，戴明已經在質量領域小有

名氣。之後不久，他就辭去了政府的工作，成了一名獨立諮詢師。但沒想到的是，剛丟掉了鐵飯碗，他就坐上了冷板凳。

戰後的美國，迎來了一個空前繁榮的時代。一方面，汽車、洗衣機、電冰箱、吸塵器、烤箱、割草機等大件家庭產品一一流入普通家庭，國內需求非常旺盛；另一方面，大多數工業國家都在戰爭中傷了元氣，但美國的生產能力卻完好無損，可謂內外逢源，訂單應接不暇。錢實在太好掙了，因此質量問題導致的損失根本不被企業管理層放在眼裡。

戴明的質量控制理論完全被淹沒在這股大潮之下，他突然發現自己沒有了用武之地。在失落之中，他逐漸認識到，除了時勢大變，質量控制理論在美國僅僅影響了一線的工程師，沒有觸及企業的高級管理人員也是個重要問題。要推廣普及質量控制理論，他還要跨界，他必須用管理學家的聲音去警醒企業的掌舵人。

恰恰在這個時候，一個東方小國正因為戰爭而百業凋敝、瀕臨崩潰。戴明的學說令他們如獲至寶，他們以決絕的態度在工業管理中貫徹戴明的理論。這個國家，就是日本。

1947 年，在麥克阿瑟（1880—1964）將軍的邀請下，戴明飛抵日本，幫助日本開展戰後的第一次人口普查。戴明雖然不懂日語，但人口普查的任務給他提供了大量的在日本各地走訪的機會。他發現，日本物質匱乏、糧食緊張，大部分人都填不飽肚子。但整個日本卻很鎮靜，到處乾淨整潔，這種強烈的對比給戴明留下了極為深刻的印象。他開始結交日本朋友，並於 1950 年 6 月應日本科學家與工程師聯盟（JUSE，以下簡稱日工盟）的邀請，第二次抵達日本。

　　日工盟是一個科學家與工程師共同組成的社會團體。和大多數社會組織一樣，成員聚在一起，無非就是清談、吃飯，對於如何開展戰後重建，日工盟並沒有具體的方法和意見。戴明抓住了這個機會，向他們講授運用統計來提高產品質量的方法。1950 年 6 月 16 日，戴明在東京大學舉辦了第一次講座。雖然天氣炎熱，也沒有空調，但座無虛席，就連過道裡也站滿了聽眾，有教授、工程師，也有政府官員和企業高管。一場講座下來，戴明滿頭大汗，但其視線所及之處，聽眾都是專注的眼神和一臉推崇的表情。戴明後來回憶說，在日本，他見到了最好、最認真的學生。

吃頓飯就能解決問題

在日工盟的安排下，戴明在日本從南到北地巡講。戴明沒有忘記他在美國的教訓，他知道，如果要改變日本，就必須從日本的最高管理層入手。他向日工盟的主席提出，他希望見到日本企業的最高管理層。

1950 年 7 月 13 日，戴明見到了 21 位日本的行業巨頭，他和他們一起坐榻榻米、喝清酒、看表演。這 21 位行業巨頭，管理着日本近 80% 的財富。在晚宴中，戴明直截了當地告訴他們：「日本可以用高質量的產品換回糧食，這種做法並不少見，美國的芝加哥是這樣，瑞士、英國也是這樣！」他又說，「我有一套辦法，如果按它去做，你們就可以生產出高質量的產品。我預計，不出 5 年，日本的產品就能進入世界市場。那個時候，日本的生活水平將得到極大改善，還能與全世界最繁榮的國家並駕齊驅！」

5 年？！幾乎每個人都露出匪夷所思的表情。當時日本的產品在國際上以「山寨、低劣」而聞名，不僅這 21 人，整個日本的工商界都認為，他們的產品要和歐美相提並論簡直是天方夜譚。但戴明反覆告訴他們，只要掌握方法，

從上到下嚴格落實，日本的產品就能迅速洗刷過去糟糕的名聲。

多年後，不少人問戴明，為甚麼他對日本這麼有信心。戴明解釋說，他親眼看到了日本人對新知識的渴求、對工作的投入，管理層積極上進、恪守職責，而且以堅定的信心推廣、普及他提出的質量控制理論。

這次晚宴成了日本工業界的轉折時刻。

這年夏天開始，戴明向日本的大企業家頻頻宣講如何進行質量管理。

這些企業家回去之後，又層層召開會議，商討如何落實。1950 年年底，日工盟把戴明的講義編成書，配發給全國的企業和工廠。戴明隨後把這本書的版稅全部捐了出來，日工盟用這筆錢設立了「戴明質量獎」。從 1951 年開始，年年評選頒發這一獎項。

1960 年，日本一躍成為全球第二大經濟體，全世界都目睹了日本的經濟奇跡，也發現了戴明對日本經濟崛起的決定性作用。但很多人問：戴明是一個遠渡重洋的外國人，日本人為甚麼對他「言聽計從」？除了因為戰敗的壓力，日本是真心誠意地向美國學習，另一個重要的原因，

是戴明的主張契合了日本文化注重細節的特點。

戴明質量獎獎章

戴明認為，85% 以上的質量問題都是源於管理不當。生產過程中產生的質量偏差，原因可以分為兩種：一是特殊原因，指源於某一特定人員、機器或者特定環境的影響，是局部的，容易消除；二是共同原因，是由於制度的缺失或整個系統的不精確造成的，要由管理人員採取行動，才可能減小和糾正。

要確定某次偏差產生的原因，就必須在生產過程中收集數據。例如，「50% 羊毛」的毛毯，是指在它的材料中，必須含有 50% 的羊毛，但每次生產出來的成品都會有偏差，即使在同一張毛毯上隨機剪下 10 塊，10 個檢驗結果可能沒有 1 塊的含量是恰好的「50%」。為甚麼會產生偏差呢？為甚麼有的偏差大、有的偏差小？一旦有了數據，管理人員就可以用圖表來分析和展現。戴明認為，無論是企業的生產者還是管理者，都要學會製作圖表，他尤為推行

控制圖和魚骨圖。

　　控制圖為每個偏差劃定了一個上限和下限，一旦波動超出了這個上下限，就說明可能發生了特殊原因，特殊原因應當立即消除。好的質量控制，要讓偏差波動的範圍越

偏差控制圖

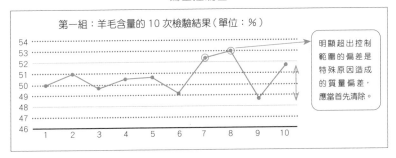

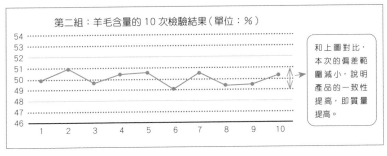

註：偏差不可能被完全消除。只要偏差的範圍小於某一特定的值，如 2%，我們就可以認為是合格的。

小越好，達到「穩定的一致性」。戴明認為，追不追求這種一致性，正是後來日本成功、美國失敗的分水嶺。

發現了偏差，確定了偏差類型，接下來就對偏差的發生進行因果分析，分析的工具就是魚骨圖。

利用魚骨圖進行因果分析

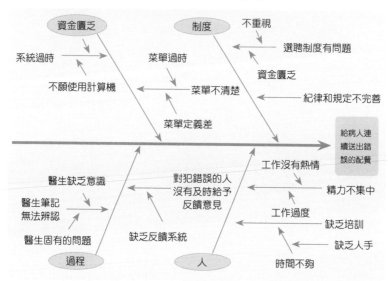

註：這種圖因為全圖像魚的骨頭，所以被稱為魚骨圖。戴明主張魚骨圖應通過集體討論，共同繪製。上圖為某醫院發生「給病人送錯餐」的錯誤之後，進行的因果分析。

就像花朵一樣，數據和圖表開始在日本工廠和車間的各個角落「綻放」。很快，戴明的方法就初見成效，日本的產品開始在國際上嶄露頭角。

除了應用統計方法進行質量控制，戴明還將抽樣技術和蓋洛普發明的民眾市場調查介紹到了日本。

例如，某鋼鐵公司使用的原始礦砂經船運抵碼頭。該公司必須首先檢測礦砂的含鐵量，然後給供應商付錢。當時公司是在船上隨機挖幾鏟進行檢驗，這幾鏟都來自礦砂的最表層。戴明設計了一套新方法：當輸送帶把礦砂由船上卸下傳送到倉庫的時候，隨機抽取樣品進行檢驗。這樣，整船的每一粒礦砂，都有可能被選為樣本。新的抽樣方法精度更高，促進了原材料質量的提升，各種進貨渠道的成本也下降了 2%—10% 不等。

1950 年之後，日本的企業開始派出代表，走家串巷進行問卷調查，根據收集的數據打造市場最需要的產品。到 1954 年，日本的產品已經開始大舉進攻國際市場。事實上，甩掉「山寨、低劣」的帽子，貼上「優質」的標籤，日本只用了 4 年，比戴明當初預料的 5 年還快了 1 年。

1960 年，日本授予戴明二等珍寶勳章，這是外國人在

日本能夠獲得的最高榮譽。1965 年，日本最大的汽車製造商豐田公司獲得了戴明質量獎。這個時候，幾乎所有的美國人都還沒有聽說過「豐田」。他們做夢也沒想到，僅僅 10 年之後，豐田就擊敗了所有美國對手，摘取了世界汽車生產的質量第一、數量第一的雙重桂冠。

日本行，為甚麼我們不行

豐田，是戴明質量控制理論最早、最大的受益者。到 1961 年，豐田公司已經建立了一套完整的全面質量控制體系。他們高度重視數據，在進入一個新市場的時候，豐田公司甚至會派出人員，去測量當地人的身高、腿長，以調整變速桿的高度和乘客腿部空間的大小。1980 年，豐田的總裁豐田章一男又獲得了戴明質量獎。他在接受採訪時宣稱：「我沒有一天不在思考，戴明博士對於我們的意義 —— 他是我們整個管理思想的核心。

而這時候的戴明正在美國紐約大學教書。一回到美國，這位「教父」頭頂的光環就消失了。在美國，他只是一位普通教授，沒有人知道他在日本的影響力。除了教書

上課，戴明也為企業做諮詢，但顧客寥寥無幾。直到 1979 年，戴明才在美國獲得了一個造紙公司的大客戶。這家公司的老闆康韋先生經常去日本出差，在日本頻頻聽到戴明這個名字，而且每次提到的時候，都能感受到周圍肅然起敬的氛圍。他有一次忍不住撥通了戴明的電話，把他請到公司座談。雖然年事已高，但戴明一口氣給公司的管理人員講了 4 小時。在他起身如廁的時候，康韋向公司的管理團隊宣布說：「我要聘他擔任公司的質量管理顧問。」請一個 80 歲的老頭兒來教我們提高產品質量？與會人員一陣錯愕，但康韋力排眾議，給戴明下了聘書。

這時候，國際汽車行業正在發生翻天覆地的變化。到 1981 年，日本已經主導了整個國際汽車市場，成了全球最大的汽車生產國和出口國。

美國的汽車巨頭愁雲慘淡，福特、克萊斯勒、通用連年虧損。更要命的是，除了汽車，還有電視機、摩托車、錄音機、複印機等都在日本的產品面前敗下陣來。在一次又一次的消費者調查中，美國的工商界都得出相同的答案：消費者青睞日本的產品，就是因為其質量過硬。

在這種情形下，美國社會開始全面反省為甚麼會在產

品質量上輸給日本。直到這個時候，還是沒有多少人注意到戴明。直到美國國家廣播公司（NBC）的製片人梅森想就此問題拍攝一部紀錄片。她知道，除了市場佔有率、顧客滿意率等乾巴巴的數據之外，一部能引發大眾關注和討論的好片子，需要一個吸引人的故事。只有故事才能激起人們情感上的共鳴，但她遲遲沒有找到令人滿意的故事。直到有一天，她和華盛頓的一位教授閒聊中聽說，就在這附近，住着一位叫戴明的老人，是他扭轉了日本的工業。

梅森眼睛一亮，她第二天就找到戴明，在戴明寓所的地下室開始了她的採訪。他們一連談了幾天。隨着故事的展開，梅森驚呆了，她無法相信，一個如此傑出的人物卻在美國默默無聞。全美國都在羨慕日本，經濟學家不知所措，但改變日本的這個人卻就住在美國，還不為人所知。

梅森反覆追問，為甚麼會這樣？為甚麼人們都不知道你？戴明則強調說，他試過，但在美國，沒有人聽他的。這真是極具諷刺意味的答案。

梅森先是懷疑，她給美國駐日本大使館打電話，確認戴明確實應麥克阿瑟將軍的邀請去過日本，日本確實設有戴明質量獎，戴明確實獲得過二等珍寶勳章，受過日本天

皇的接見。她又給白宮打電話，先後聯繫了總統的好幾位
經濟顧問，卻無一人聽說過戴明的名字。

「我的天！」梅森在心裡一遍一遍驚呼，她知道自己已
經找到了絕佳的新聞素材。她興奮不已，又猶豫不決。因
為她發現，當講到數據，講到通過數據發現新的思想、得
出新結論的時候，這位 80 歲的老人最為興奮，而這部分太
專業了，梅森完全聽不明白。

梅森之所以最後下定決心，是她從戴明的口中，獲知
了那家造紙公司的消息。她立即飛赴造紙公司所在地，走
訪了戴明這個唯一的大客戶。康韋先生興奮地告訴梅森，
他如何聽說戴明，又如何慧眼識人，戴明的方法經過一年
的實施，已大見成效，公司已節省了幾百萬美元。聽到這
裡，梅森幾乎屏住了呼吸，她確定自己發現的就是金礦。
她迫不及待地回到了製片室，一連幾天足不出戶，完成了
影片的剪輯。

這次採訪被剪輯為一部一小時左右的紀錄片，定名為
《日本行，為甚麼我們不行》。在 1980 年 6 月 24 日晚上的
黃金時段，全美播出。紀錄片的最後 15 分鐘，是主持人現
場採訪戴明。

主持人：日本人和美國人對質量的看法有甚麼不同？

戴　明：日本人用統計的方法來提高質量，就像他們從其他的文化中學習好的東西一樣，他們不僅學習，而且真正吸收了這種方法，然後，他們用前所未有的優質產品回饋世界。

主持人：那這種統計方法在美國可行嗎？我們美國能否取得同樣的成功？

戴　明：當然可行，美國可以取得同樣的成功。

主持人：那為甚麼美國沒能做到？

戴　明：那是因為，美國人沒有這樣的決心，我們不知道該做甚麼，我們沒有目標。

紀錄片造成了全美轟動。這之後，各種關於戴明的新聞報道排山倒海般湧來。美國的媒體甚至派出記者深入日本，這些記者在豐田公司的總部發現，公司大堂的走廊上掛着三幅肖像，其中兩幅小的，一幅是豐田的創始人，另一幅是現任董事局的主席，而中間最大的一幅則是戴明。

於是，戴明 80 歲這年在美國一夜成名，成了家喻戶曉的人物。紀錄片播出的第二天，戴明家裡的電話就受到了「轟炸」，鈴聲響個不停，各大公司紛紛打來電話，都希望

能立刻見到戴明。

　　如果說，1950 年戴明和 21 位日本行業巨頭的晚宴是日本企業的轉折點，那麼，30 年後的《日本行，為甚麼我們不行》這部紀錄片的播出就是美國企業的轉折點。美國的企業從此開始追求質量管理。1987 年，戴明獲得了美國的國家技術獎章。同年，美國也設立了類似於日本的「戴明質量獎」的國家質量獎。

　　戴明於 1993 年逝世，他被譽為「質量管理之父」。

Chapter 8

用數據抓賊

你看過《少數派報告》這部電影嗎？

裡面有很多讓人腦洞大開的情節。電影講述了 2054 年的華盛頓特區，謀殺已經消失了。未來是可以預知的，而罪犯在實施犯罪前就已受到了懲罰。司法部的專職精英們 —— 預防犯罪小組負責破譯所有犯罪的證據，地點和其他的細節由「預測人」預測。預測人是 3 位擁有超自然能力的人，在預測謀殺方面從未失過手。

聽起來是不是比能借來東風的諸葛亮還厲害？當然，這是科幻電影，它很可能不會實現，但在現實生活中，我們確實可以找到預測犯罪的案例。

這是一個源於地下鐵道的故事，發生在一名巡警、一名警察局長和一名市長身上的傳奇。

紐約是全世界知名的大都市。但 20 世紀 70 年代的紐

約，曾是一座充斥着犯罪和暴力的罪惡之都，人們大白天上街都得提心吊膽。這種情況一直持續了 20 多年。直到 1990 年，紐約市平均每天還有 6 個人死於非命，平均每小時還有 16 台汽車不翼而飛。

梅普爾在這座城市裡長大，目睹了太多的混亂與罪惡，這讓他有了一個理想：成為一名警察，守護這座城市。1970 年，他剛剛高中畢業就加入了紐約市交通警察局，成了一名地鐵警察。這個時候，地鐵堪稱紐約市的恐怖中心，平均每週會發生 250 起案件。紐約地鐵警察被認為是最危險的職業。

為了追蹤搶劫案，梅普爾在時代廣場做過便衣，在中央車站指揮過攔截，在地鐵口組織過抓捕。但大部分情況下，狡猾的犯罪分子總是在他趕來之前溜之大吉，甚至會在犯罪現場留下嘲弄的口信：蠢貨，走快點兒，快來抓我！對任何一名警察來說，這都是極大的羞辱。梅普爾很多次空手回到辦公室，帶着怒火把警帽狠狠地摔在辦公桌上：「為甚麼我們總是晚到？為甚麼不能把他們抓個正着！」

在十幾年街頭警察的經歷當中，梅普爾慢慢悟到：案

件發生在哪裡，警察就出現在哪裡，那是讓罪犯牽着鼻子跑。要控制局面，抓到老鼠，警察一方必須掌握主動，做一隻有「預測能力」的貓。於是作為巡警隊長的他一頭扎進案件卷宗，沒日沒夜地分析。他把案件發生的時間、地點和涉及的人物提取出來，在辦公室的牆上掛了幾十幅地圖，用不同顏色的大頭針來標明案件發生的時間和地點，總結其中的原因和規律。他興奮地發現，在某些特定的地段、某些特定的時間，搶劫案發生的頻率明顯要高。

無數個夜晚，他站在地圖前，時而舉頭凝視，時而低頭徘徊，揣度第二天可能發生案件的時間和地點。在苦思冥想之後，他用大頭針在地圖上按下了一個小點，確定了他的第一個伏擊地點。

「隊長，你確定這裡現在會發生搶劫嗎？」

梅普爾緊緊抿住嘴唇，盯着街角：「說實話，我也不能完全確認，但是……」

「啊！來人啊！」話音未落，一聲尖叫從街角傳來，警隊成員一時愣住，齊刷刷地看向梅普爾。

梅普爾按捺住內心的激動，沉聲下令：「行動！」這一次成功給梅普爾帶來了極大的信心。梅普爾後來晉升為警

督（相當於派出所所長），他就採用這種方法來部署和調配他管轄片區的警力，並且不斷地研究和總結。他的辦公室掛滿了地圖，那面牆被同事戲稱為「地圖牆」，他卻稱之為「未來圖表」（Charts of the Future）。

1990 年，交通警察局來了一位新的局長布雷特，他是一名退役軍人。當他路過梅普爾辦公室的時候，那面不同尋常的「地圖牆」一下子吸引了他。布雷特花了幾天的時間和梅普爾一起研究這些地圖，最後他禁不住連連拍桌子，認為這個辦法靠譜兒。

布雷特的執行力非常強，他雷厲風行，立即開始在全局推廣梅普爾的「未來圖表」。

第二年，紐約市的地鐵搶劫案數量下降了 27%。但紐約的整體社會治安並沒有好轉，除了地鐵搶劫案，其他案件的發生率都還居高不下。地鐵治安的一枝獨秀，更令布雷特相信「未來圖表」確實行之有效。

1993 年，紐約市的治安持續惡化。這一年，是紐約市的市長大選年，治安問題一下子成了競選當中的白熱化話題。這個挑戰成了共和黨候選人朱利安尼的政治機遇。

朱利安尼是紐約人，他出生於一個普通家庭。1968

年，他從法學院畢業之後，長期在司法部門工作，1983 年晉升為紐約市的聯邦檢察官。在擔任檢察官的 6 年期間，朱利安尼先後將 4000 多名犯罪分子送進了監獄。他也因此多次受到追殺和威脅，但他剛正不阿、不屈不撓，始終秉法辦案，在紐約市獲得了「鐵面」的美譽。

作為市長候選人，「打擊犯罪」成了朱利安尼的王牌。他在競選演講中說，他的朋友在餐館等公共場合碰到他，都不敢和他打招呼，因為怕被人盯上，莫名其妙受到報復。他在街上也經常碰到一些刑滿釋放的人，那些人當面向他叫囂：「你選不上！」朱利安尼呼籲，如果紐約人民真正想改善治安，就不能讓他落選，因為他是改善治安最好的人選！他的演講有情有理，他的「鐵面」形象和誠懇的態度最終打動了紐約人。最後，朱利安尼以高票當選紐約市市長。

一上任，朱利安尼就立刻任命布雷特為紐約市警察局局長。

而布雷特到任的第二天，就任命梅普爾為第一副局長，並要求梅普爾立即組織開發一套電子版的「未來圖表」。

於是，「CompStat」誕生了。

 破案有了新「助手」

CompStat，是 Computer Statistics（計算機統計）的縮寫，
也是 1994 年紐約市警察部門啟用的治安信息管理系統的簡
稱。它以梅普爾的「未來圖表」分析法為基礎，在地圖上對全
市的公共安全案件進行統計分析。隨着它的出現，紐約市的治
安開始逐年好轉。「CompStat」系統開始名揚全國，成為一個
專有名詞，特指一種警務管理模式，成了 20 世紀美國警務改
革當中濃墨重彩的一筆。

1994 年，互聯網還沒有普及。CompStat 的工作人員每天
通過電話和傳真向全紐約 76 個警區收集數據，再將數據統一
錄入到計算機系統，進行加總和分析。

每逢星期二和星期四的早晨 7 點，布雷特就召集全部
警區的指揮官開會。最新發生的案件以圓點的形式出現在
各個轄區的地圖上，不同顏色代表着不同類型的犯罪，特
定位置的成堆圓點則表明那裡發生了一系列的案件。各個

指揮官在這些「績效指示燈」前面依次陳述自己轄區的情況、解釋案件發生的原因，並彙報對策以及警力的調配。一個回合下來，不少指揮官一臉通紅、滿頭大汗。一數勝千言，CompStat 的數據就像一盞一盞的燈，標明了一個轄區的治安管理效果。根據這些數據的變化，布雷特一共撤換了近三分之二管理不力的指揮官，其手段可謂「鐵腕」。

次年，紐約的犯罪率應聲而降，創下了 50 年最低。這個指標，使紐約躋身全美最安全的大城市行列。

布雷特非常推崇「破窗理論」，認為一個城市如果對小的違法行為縱容姑息，不良現象就會被放任、模仿，逐漸擴大、蔓延為成片的犯罪行為。所以，即使對一個窗戶玻璃被砸破的投訴，CompStat 的工作人員也要認真記錄，並納入數據分析。也就是說，地圖上的圓點不分案值大小、案情輕重，一律同等對待。

例如，露宿公園、街頭的青年，常常是各種違法活動的參與者，布雷特要求，不能僅僅是打擊、驅散，必須詢根問源：他們從哪裡來？面對甚麼困難？需要甚麼幫助？只有真正解決了這些問題，那些地圖上代表犯罪的「圓點」才能最終被消除，而不是轉移到另一個區域，在地圖上

「此」起「彼」伏。

 再站一班崗

　　梅普爾後來辭去了公職，創辦了一家諮詢公司，致力於幫助全美各地的警局使用 CompStat 系統。2001 年，他患上不治之症，留下遺言說，希望自己的靈車能在黃昏的時候，穿越時代廣場和中央車站。梅普爾知道那正是下班的高峰時刻，交通非常繁忙，但他說就是希望在這個時間最後再去那裡一次。多年來，他在那裡巡邏，確保交通順暢和治安安全。這一次，他開玩笑地說「要讓大家最後也等他一下」。他去世後，被媒體評價為「街頭警察的偉大發明家」、「真正的紐約英雄」、「熠熠生輝的普通人」。

　　紐約的巨大成功很快引起了其他城市和美國聯邦政府的注意。全美有近三分之一的治安管理部門陸續引進了 CompStat 系統的管理模式。

　　2006 年，美國警方把 20 多年的犯罪數據和交通事故的數據整合到一起，並映射到同一張地圖上之後，研究人員

驚奇地發現，交通事故的高發地帶也正是犯罪活動的高發地帶，甚至交通事故的高發時間段也是犯罪活動的高發時間段。

維護交通安全、打擊犯罪活動，這兩個職能本來分屬於不同的部門。基於這個新發現，美國聯邦政府成立了跨部門的工作組，在很多地方開展聯合治理試點。試點取得了非常顯著的成效，試點區域的犯罪活動明顯下降，違規駕駛的交通罰單則明顯增多。2008 年，試點的經驗開始在全美推廣。工作組認為，基層警隊最需要的，是培養像梅普爾一樣有數據頭腦的警員，這是改革取得成功要面臨的最大挑戰。

大數據時代

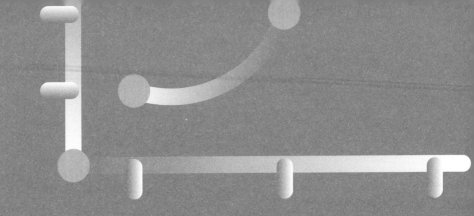

Chapter 9
用甚麼來裝「數據海」

矽谷的由來

在美國西海岸，和紐約這個美國東部金融中心遙遙相對的地方，是加利福尼亞州（簡稱加州）的三藩市，這裡有一條沿着海灣延伸的狹長地帶。

就是這麼一塊彈丸之地，卻聚集了蘋果、谷歌、亞馬遜、Facebook 等大量的高科技巨頭。這裡是夢想家的天堂、全球公認的科技創新策源地，也是世界信息技術革命的中樞。

叫矽谷，自然跟矽有關。矽，可以從沙子當中大量提取。對，就是你在海邊玩過的那種沙子，或者是沙漠當中的沙子。沙子不是稀罕物，可以說到處都是。隨着人類科技的發展，人們發現沙子可以用作建築的材料，還可以用

於製造玻璃。但關於沙子最偉大的發現是在 20 世紀 60 年代，從沙子中提取出了一種物質——矽。矽元素的特點是穩定、耐高溫，它是製作半導體的上佳材料。

是不是全世界任何一個地方都可以叫矽谷？因為沙子無處不在啊！要知道，矽是地殼中除了氧之外，含量排名第二的元素，約佔地殼總質量的四分之一，可謂取之無窮、用之不竭。但矽谷之所以叫「矽谷」，是因為掌握了晶體管製造和集成的技術，把沙子變成了「金子」。

我們先來簡單了解一下甚麼是半導體、甚麼是晶體管。半導體其實是指一種特殊的材料，它有個比較怪異的脾氣，有時侯導電，有時候不導電，導不導電完全可以由你來控制。用半導體這種材料可以做成晶體管，一個晶體管就像是一個開關，通電時開關打開，表示為「1」；不通電時開關閉合，表示為「0」。計算機的二進制就是這麼實現的。

晶體管是所有電子產品最小的組成單元。別看晶體管小，它可以說是我們這個時代非常重要的發明。計算機的核心，如 CPU（中央處理器）、存儲器都含有大量的晶體管。一台筆記本電腦大概有 400 億個晶體管，一部智能手

機約有 10 億個晶體管。把大量的晶體管印製到一塊手指甲大小的矽片上，就可以形成一個微電子電路，這就叫「芯片」，也叫集成電路。這項技術是 20 世紀 60 年代由仙童半導體公司（以下簡稱仙童公司）發明的，這家公司成立於 1957 年，這一年就被後人稱為矽谷的誕生之年。

過去的計算機之所以很大，就是因為晶體管很多，而單個晶體管又很大，做出的計算機方頭方腦的，很笨重。仙童公司發明集成電路技術之後，全世界就展開了一場晶體管的縮微競賽。芯片越做越小，越做越便宜，計算機也越來越小巧。仙童公司也如天女散花一般開枝散葉，孵化出數以百計的半導體公司。20 世紀 60 年代末，在美國舉行的一次半導體產業頭面人物會議上，參加會議的 400 人中竟有 376 人曾經在仙童公司工作過。

驚人的摩爾定律

仙童公司有一名員工叫摩爾。1968 年，摩爾和幾個好朋友自立門戶，創辦了後來舉世聞名的 Intel（英特爾）公司。Intel 公司在 1971 年利用集成電路的技術發明了微處

理器。很多個晶體管可以組成一塊芯片，很多塊不同功能的芯片又可以組成一個微處理器。從晶體管到芯片再到微處理器是一個越來越大的組合，這個過程就像搭樂高積木一樣。

Intel 公司把組成計算機的「心臟」——CPU 的很多塊芯片封裝起來，做成一塊橡皮那麼大的模塊，成功地解決了電子元器件笨重、散亂的問題，讓計算機有了一個模式化的小「心臟」。只要是電子產品，都會有一個微處理器。很快，Intel 公司生產的這種微處理器在電子行業普及開來，賣到了全世界。

摩爾曾獲得加州大學伯克利分校的化學學士學位，在加州理工大學獲得物理化學博士學位，他小時候性格非常內向，以至於被大人認為有語言障礙。因為這個原因，上一年級的時候他還差點兒留級。但摩爾早早就發現化學是他的「真愛」，並且一直沉迷在他的化學實驗裡。摩爾從小學起，就在家中搭建實驗室，日復一日地做實驗。他曾經在家裡做過爆炸的實驗，還把爆炸配方做成「聖誕節禮包」送給鄰居。他說：「直到我把化學試劑弄到爆炸，鄰居們才知道我原來只是看起來很安靜。」他的妻子後來回憶說，

摩爾對化學研究非常癡迷，結婚當天還在實驗室做研究。

1971 年到 2011 年微處理器晶體管數量及摩爾定律示意圖

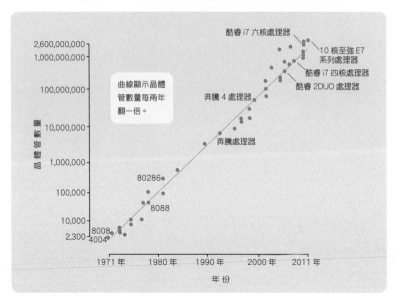

註：縱坐標為晶體管數量，橫坐標為年份。該曲線表明，從 1971 年到 2011 年，大概每兩年，相同面積的集成電路上的晶體管就增加一倍。需要注意的是，縱坐標從 2300 到 10000 再到 100000，其實不成比例，如果嚴格按比例作圖，這將是一條非常陡峭的曲線，單個頁面無法容納。（資料來源：維基百科）

在仙童公司工作期間，摩爾密切關注集成電路的發展。經過長期跟蹤觀察，1965 年，摩爾提出了一個驚人的預見。他認為，同一面積芯片上可容納的晶體管數量，每

一到兩年將增加一倍，這種趨勢一時半會兒不會停止。也就是說，單位面積上的晶體管數量將倍增、倍增再倍增。這就是著名的摩爾定律。

 晶體管和大米哪個多？

晶體管可以說是人類歷史上最高產的行業。現在一年生產的晶體管數量比全球一年消耗的大米顆粒數還要多。2002年，人類生產的晶體管數量大概是大米的 40 倍，買 1 粒大米的錢可以買 100 個晶體管；2009 年，晶體管的產量上升到大米的 250 倍，買 1 粒大米的錢可以買 10 萬個晶體管；2016年，製造出的晶體管已經超過人均 1000 億個。

你可能讀過這樣一個故事，一名棋手和國王比賽下棋，國王問他贏了想要甚麼，他說：「只要在棋盤的第一格放 1 粒米，第二格放 2 粒，第三格放 4 粒，依此類推，每一格都是前一格的兩倍，直到放滿所有棋盤格。」

國王哈哈大笑，他覺得這個棋手是個傻子，這也太容易滿足了，於是欣然答應。沒想到的是，當他一輸棋，不

算不知道，一算嚇一跳。大米越放越多，要按約定放滿棋盤格，整個國家的大米都不夠。

這個坑不是一般的大，看來，計算才能賦予你超越直覺的力量。這句話一定要時刻牢記，要不然哪天掉進坑裡都不知道。

可見，倍增效應是驚人的，它超出了常人的想像。摩爾定律的真正含義是，由於單位面積芯片上晶體管的密度倍增了，計算機硬件的處理速度、存儲能力等主要性能，一到兩年就會提升一倍，計算機將不斷變小，但性能卻不斷增強。這可是件好事。而與此同時，一個意外的現象也隨之出現了：本來性能提升了，價格該更高才對，但半個多世紀以來，硬件的性能不斷提高，價格卻持續下降。今天回頭看，不難發現其中的原因，因為晶體管越做越小，需求越來越大，技術進步帶動的大規樓生產使價格不斷下降。

回看這半個多世紀的發展史，硬件技術的發展基本符合摩爾定律。以物理存儲器為例，一方面，性能倍增；另一方面，價格斷崖式下跌。1955 年，IBM（國際商業機器公司）推出了第一款商用存儲器，1MB 容量的存儲器需

要 6000 多美元，到 2010 年，1MB 容量的存儲器價格約為 0.005 美分。半個多世紀以來，存儲器的價格下降了一億多倍，這種速度變化之劇烈，令人瞠目結舌。事實上，考察人類的歷史，沒有其他任何一種產品，價格下降空間如此巨大！

要理解存儲器的變化，就必須了解存儲器的存儲單位。近年來，由於人類產生的數據量不斷增多，科學家造出了一些新的名詞，用來代表新的存儲單位。

數據的存儲單位

單位	英語標識	大小	含義和舉例
比特	bit	1 或 0	計算機用二進制存儲和處理數據，一位是指一個二進制數位：0 或 1，這是存儲信息的邏輯單元。
字節	Byte	8 比特	這是計算機存儲信息的基本物理單位，存儲一個英文字母在計算機上，其大小就是 1 字節。
千字節	KB	1024 字節或 2^{10} 字節	一頁紙上的文字大概是 5 千字節。
兆字節	MB	1024 千字節或 2^{20} 字節	一首普通的流行歌曲大概是 4 兆字節。
吉字節	GB	1024 兆字節或 2^{30} 字節	一部普通的電影大概是 1 吉字節。
太字節	TB	1024 吉字節或 2^{40} 字節	美國國會圖書館迄今所有登記的印刷版書本的信息量為 15 太字節。
拍字節	PB	1024 太字節或 2^{50} 字節	谷歌每小時處理的數據為 1 拍字節。

單位	英語標識	大小	含義和舉例
艾字節	EB	1024 拍字節或 2^{60} 字節	相當於 14 億人人手一本 500 頁的書加起來的信息量。
澤字節	ZB	1024 艾字節或 2^{70} 字節	截止到 2010 年,人類擁有的信息總量大概是 1.2 澤字節。
堯字節	YB	1024 澤字節或 2^{80} 字節	超出想象,難以描述……

一杯咖啡 = 一座圖書館?

　　如今,頭髮尖大小的地方就能放上萬個晶體管。而晶體管不可能無限縮小,摩爾定律再神奇也不一定無限發展下去吧。於是,懷疑論開始出現了。2015 年 4 月 19 日,是摩爾定律提出的 50 周年。在這前後,產業界圍繞以下問題展開了激烈爭論:摩爾定律所揭示的現象還會不會持續?單位面積上的晶體管還能不能繼續增加甚至翻倍?如果能,又能持續多久?

　　作為摩爾定律的提出者,2003 年,摩爾就曾被問到這個問題。他認為:「創新無止境,下一個 10 年摩爾定律可能還將有效。」

　　事實證明,摩爾又對了。2011 年,Intel 公司宣佈發明

了 22 納米的 3D 晶體管。2014 年，Intel 公司宣佈投產 14 納米的晶體管。2019 年 1 月，Intel 公司又向外界展示了首批 10 納米的晶體管。大部分科學家相信，晶體管的微縮趨勢還將持續，摩爾定律的生命週期還未終結。

一所普通大學的圖書館，其印刷品館藏數據可能也就 1TB—2TB。也就是說，在不久的將來，只需要花上一杯咖啡的錢，買上一個 1TB 大小的硬盤，就可以把一座圖書館的數據都帶走。信息保存的過程如此方便、成本如此低廉，這是以前難以想像的。

「舊時王謝堂前燕，飛入尋常百姓家」，曾經昂貴的硬件漸漸成了大眾消費品。原本高端的產品，如激光打印機、服務器、智能手機，也紛紛進入普通家庭。特別是存儲器，從 20 世紀 90 年代起，全世界的物理存儲器每 9 個月數量就增加一倍。這代表了人類社會數據存儲能力、存儲數量的增長。摩爾定律如今已經被用於描述一切呈指數級增長的事物。

沒有高速公路，汽車是跑不快的；有了高速公路，收費太高，汽車也不願意去跑。正是因為存儲器的價格在半個世紀之內的「跌跌」不休，人類才能以非常低廉的成本

保存海量的數據，這為大數據時代的到來準備好了物質基礎；否則，大數據就會成為水中月、鏡中花，無法普及。

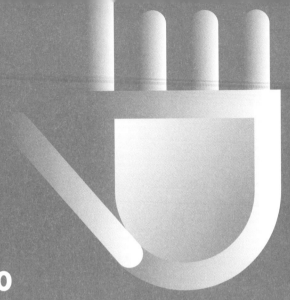

Chapter 10
和計算機對話的「小鼠」

「計算機」還是「記算機」

　　第一台計算機是 1946 年發明的。1948 年，IBM 生產了第一台大型計算機。這絕對是個大個子，體積可以佔滿一個大廳的三面牆，每秒能進行上千次運算。這個能力一度讓 IBM 的創始人沃森（1874—1956）相當自豪，有種前無古人、後無來者的得意。當時，他有一句話流傳得很廣，「未來的美國只需要 5 台計算機」。也就是說，計算機這個東西太強大了，全美只要 5 台就足夠處理所有的運算了。

　　如今，幾乎每家每戶都有至少一台計算機，不僅數量多，而且我們隨便買一台幾百元的舊計算機，也要比沃森的那台笨重的計算機強大很多。沃森的話聽起來好像錯得離譜兒。

但我要告訴你的是，沃森其實沒錯，只是今天計算機的功能已經發生了改變。我們之所以叫它「計算機」，是因為一開始，我們覺得這個新東西的主要功能就是「計算」！事實上，IBM 的第一台大型計算機就是用於登月計算的，而當時全世界又有幾個這麼大的計算項目？

　　如今的我們，天天在用計算機做甚麼呢？

　　不妨低頭看看自己的手機。每一部手機都是一台性能優異的計算機。現在的人們一機在手，眼裡別無他物，有時候忘記帶手機，就渾身不自在，老惦記着微信或者 QQ 的新消息，比如朋友們又去哪兒玩了沒帶上自己，生怕錯過甚麼重要的信息。

　　信息是甚麼？信息是對外界情況的記錄。拍照是記錄；發朋友圈是記錄；用支付寶買東西還是記錄，記錄一筆筆消費。其實，手機對於大眾的真正作用更像是一個電子記錄本，記錄下我們生活的方方面面。你發現了沒有，是「記」，記錄的記，不是計算的「計」。千萬別小看這一字之差，我們拿出 10 次手機，可能有 9 次是用於記錄，只有 1 次是用於計算。

　　這麼說來，我們日常使用的計算機，剛發明出來的時

候雖是為了「計算」，但今天更多時侯是用於「記錄」，那其實應該叫「記算機」，而不是「計算機」了。

計算，意味着處理數據；而記錄，則意味着收集數據。

全球記錄之網

如果說計算機是一個神經元在記，那互聯網就是全球記錄之網。

互聯網發明之初，人們對它最興奮的認識是「連接」。我們最關心的互聯網指標，就是連接了多少網站、多少網民。

到了今天，幾乎所有人都進入連接之中，我們已經實現了全天候、跨平台、跨設備、跨應用的超級連接。連接的歷史使命已經完成。此時，我們也該用一個新的視角來認識互聯網了。

歷史上有很多發明的本質都是幫助人類實現連接，例如鐵路、電報、電話都是被用於幫助人類實現連接的。其中，電話鋪設到了千家萬戶，它和互聯網的形態非常接近。那麼一個疑問就出現了，為甚麼電話對人類文明的改

變不如互聯網那樣深刻、廣泛呢？

最簡單的答案是：因為電話只能連接，無法記錄！

舉個例子。20 世紀 60 年代，美國航空業剛剛興起，坐飛機的旅客越來越多，但服務實在太糟糕了，想提前買張機票都是個難題，如果買了票又要退票或者改簽，就更難了。當時的訂票方法就是打電話，但問題是，接電話的銷售員並不清楚其他售票點的售票情況和餘票數量，所以根本確定不了是否有票，只能等到下班，等所有的銷售員互通情況後，再通過人工統計來分配當天的電話訂單和旅客的座位。等確認買到了票，已經過去一兩天了，當然，要是沒買到票，緊急的事情就被耽誤了。所以，人工售票時代適合的是慢性子旅客。

1964 年，IBM 通過計算機的記錄體系解決了這個問題。IBM 為航空公司打造了一個「半自動商業體系」，這是一個由中央數據庫、成百上千的終端和工作人員組成的網絡系統。在這個系統裡，電話銷售員每天可以處理 8 萬個電話。通過數據庫查詢，每個銷售員幾秒之內就能確認一次航班的餘票情況並立即給旅客分配一個座位號。你性子再急也不怕，因為 1 秒就能知道自己是否買上機票了。

因為這個半自動的商業體系，美國的整個航空業發生了巨大的變化。當然，這個系統跟今天用的雲計算是無法相提並論了。

　　現在回到問題上來，電話雖然產生了連接行為 —— 表達訂票的訴求，但無法有效記錄。分配座位和改簽必須建立在有效的記錄之上。如果記錄不能即時看到全貌，只能耗費巨大的人力和物力來核對，而這個問題用計算機來解決，就實在太輕鬆了。

　　記錄，是一件很普通的事，在文字出現以前，人類就在記錄，而文字的本質也是記錄。我們在前面說過，傳說中的「倉頡造字」，就是受到了野獸在地上行走時留下的腳印的啟發。文字是最早、最系統的記錄工具。今天，文字也是數據，但僅僅是數據中的一種。如果我們把文字比作金子，那麼數據就好比金屬，金屬譜系廣泛，數據也不例外，如照片、音頻、視頻、PPT、表格等都是數據，它們的作用都是記錄。

　　現代的互聯網之所以偉大，就是它把記錄這件古老的事做到了極致。不信，我們再換一個場景，來認識互聯網強大的記錄能力。

當你逛百貨商場時，常常會東張西望，這排貨架上看看，那排貨架旁走走，還會在某些商品前停留，拿起來看看又放下。這些行為表達了你的購買意願，但商場的售貨員卻沒辦法記錄你的這些行為。你昨天去了一個櫃台，今天再去，可能售貨員也不會認得你。

　　但是，在網上瀏覽就完全不同了。你的搜索、你的點擊、你的滑屏，就相當於你在超市裡的走走看看、東張西望、拿起東西又放下，互聯網把你的這些行為一一記錄了下來，一個也不漏！無論你是誰，只要你第二次來到一個購物平台，因為上一次的記錄，網絡就認識你。隨着你瀏覽、消費記錄的增多，這些數據可以完整地勾勒出你的特徵，即通過數據給你畫像，掌握你的行為模式和需求、偏好，從而對你進行分析和預測，向你推送商品廣告。最早的大數據應用就是這樣產生的。

　　2014 年 1 月，電商巨頭亞馬遜宣佈了一項新專利：「預判發貨（Anticipatory Shipping）」。也就是在網購時，顧客還沒有下單，亞馬遜就將包裹寄出了。這種做法聽起來有些不可思議，亞馬遜這是要「逆天」嗎？萬一要是顧客臨時起意不買了，或者因為一些事情耽擱了，亞馬遜豈不是

要做賠本生意？

亞馬遜當然不會做賠本生意。預判發貨是通過預測，把發貨這個過程交給算法，讓算法自動發貨！為了降低預判發貨的風險，亞馬遜還有一些配套技巧。例如，模糊填寫用戶的收貨地址，只將商品配送到離他最近的倉庫，如果在配送過程中收到訂單，再將地址信息補充完整。

你買的東西透露了你的消費習慣，你打車的歷史忠實地記錄了你的出行軌跡，你瀏覽的網頁可能透露了你的秘密……漸漸地，你在互聯網上的形象從寥寥幾筆的速寫變成素描，最後成了一幅逼真的油畫。隨着大數據的累積，互聯網可能比你的父母更了解你。

因為記錄，過去可以被分析，未來可以被預測。互聯網強大的記錄能力，使整個社會自下而上的管理結構大大壓縮，也為我們的個人生活帶來極大便利。個人的自主權和活力會增長到一個我們想像不到的程度，這就是新的文明。

是記錄促使文明的產生、變異、躍遷，要理解這一點，還可以看看語言和文字的區別。人類通過語言，可以溝通想法，傳達信息，這就相當於意識的連接。人類有語

言的歷史可能有幾萬甚至幾十萬年，但人類的文明卻是在文字出現之後才開始加速發展的。而人類社會出現文字不過是幾千年的事兒。

我們總結一下，不管是「計算機」還是「互聯網」，它們命名的根據都是基於人們最早的認識：計算和連接。這就好像馬路這個詞，起因是因為馬，可今天的馬路上跑的早已經不是馬，我們卻仍沿用了這個詞。「計算機」和「互聯網」也是如此，它們對於人類的作用和意義，早已超越了當初的名字所涵蓋的範疇。準確地說，計算機要叫「記算機」，互聯網要叫「數據網」才好。

回頭看，互聯網已經跨越、超越了連接的歷史使命，這就需要我們重新認識互聯網。今天的互聯網，是整個社會沉澱數據的基礎設施，也是幫助我們進行全面記錄的社會機器。這就是互聯網 2.0 時代應該有的觀點。這是一個瑰麗的、充滿無限可能的世界，值得好好探究。

世界因此而不同

為甚麼互聯網能夠記錄並保存如此海量、細緻，結構

又各不相同的數據呢？要明白這個問題，必須從鼠標的發明講起。

計算機被發明之後的 30 多年裡，是沒有鼠標的。人類和計算機的交互一直是通過鍵盤輸入代碼來完成的。你得一個字母一個字母地往裡敲，一個字母敲錯，計算機就無法理解指令了，操作非常不方便。

能不能設計一個更方便的操作方式呢？最早，人們聯想到了汽車，想給計算機設計一個類似方向盤的操縱台，讓人們可以像開車一樣，用眼睛和四肢控制計算機。

還真有人去嘗試了。這個人就是恩格爾巴特（1925—2013），他當時在斯坦福國際研究院工作。他按照汽車的思路設計了一套設備，讓人坐在計算機前，戴上一個頭盔似的設備，人可以通過擺頭的動作控制光標。恩格爾巴特還嘗試過通過膝蓋和腳踝的轉動控制光標，但這些設備都不夠靈活、不好用。

汽車操縱台的思路不成功，恩格爾巴特並未氣餒。他不斷嘗試，又設計出了一款控制器。這是一個帶滾輪的小盒子，可以像玩具車一樣滑過桌面，這款特殊的光標控制器可以把光標移到屏幕的任何地方，因此恩格爾巴特命名

它為「X-Y屏幕方位指示器」。它的基礎功能是記錄光標在屏幕上的位置。它把屏幕當作一個坐標系，可以讀出光標停留位置的橫坐標（X）和縱坐標（Y）。

他帶着這款「X-Y屏幕方位指示器」參加了1968年12月在三藩市舉行的秋季聯合計算機大會，他的演示引起了專業人士的關注。後來，人們給這種帶着電線尾巴的設備取了個綽號——「鼠標」。因為又生動又形象，這個名稱沿用至今。

發明家的奇思妙想

恩格爾巴特是一個執著的發明家，他從小就有很多新奇的想法。他還特別果斷，想到就做，他造過熱氣球、組裝過汽車。13歲時，恩格爾巴特在別人的穀倉里發現一輛被廢棄多年的舊汽車，很多零件都不在了，他用自己的零花錢把它買了下來，用了幾年的時間，讓這輛車又跑了起來。

恩格爾巴特還充滿了奇思妙想。他比較內向，不喜歡交際。大部分年輕人都喜歡去酒吧，聚在一起聊天。恩格爾巴特對此沒興趣，這讓他顯得很不合群。還記得開普勒用公式選擇

妻子的故事嗎？恩格爾巴特當時也冒出一個奇怪的想法，就是想知道一個人在社交領域到底受到多大程度的關注。為此，他研究出了一個數學公式進行測算，並用它去檢測身邊的朋友。最後他發現，其實別人並沒有你想象中那麼關注你，而我們自己卻常常過度關注別人對自己的看法。過度到什麼程度呢？恩格爾巴特的計算結果是「1 倍」！所以恩格爾巴特認為，不要因為別人的看法而改變自己，專注於自己的興趣和愛好就好。

恩格爾巴特一生有幾十項和計算機相關的發明，其中最重要的就是鼠標。

直到 1981 年，第一個商業化鼠標才誕生。從發明到應用，鼠標經歷了十幾年的等待和改進。1983 年，蘋果、微軟紛紛推出自己的鼠標，鼠標成了計算機的標準配置。

通過鼠標，人們幾乎可以完成和計算機的一切交流。同時，互聯網可以把訪問者的各種行為都轉化成數據。

只要用戶登錄互聯網，互聯網就開始記錄。記錄的數據一般包括：

網頁地址（URL）

點擊時間（Hit Time）

頁面停留時間（Time on Page）

頁面區域唯一標識符（Session ID）

位於會話狀態的第幾步（Session Step）

訪問來源（Referrers）

從何處進入頁面（Entrance）

離開頁面去何處（Exit）

開始時間（Begin Time）

結束時間（End Time）

訪問時長（Time on Site）

訪問頁面數（Depth of Visit）

用戶個人信息（Cookie）

　　這些瀏覽的數據，通過記錄鼠標的點擊流，像礦產一樣沉澱在互聯網上，互聯網企業由此掌握了使用者在網上的一舉一動。通過鼠標，互聯網把記錄的細緻程度推向了一個前所未有的高度。這是劃時代的變化，它完全改變了人類收集數據的空間和範圍。

之所以講這些故事，是想告訴大家大數據的由來。它不是第一天就甚麼都齊全的，而是通過一代代人的努力才變成今天這個樣子。希望大家保持熱情，更希望我們能從歷史中找到自己認同並追尋的東西。

Chapter 11

大數據需要大計算

數據大爆炸

　　鼠標的出現讓笨拙的計算機靈活起來。除了便宜、功能強大，各種計算設備也變得越來越小。這個現象在 1988 年被美國科學家馬克・韋澤概括為「普適計算」。他的意思是，計算機將會離開書桌，進入我們身邊的各個空間和位置，和環境融為一體。

　　我們前面已經討論過，與其叫「計算」，不如叫「記錄」，所以更合適的說法是：普適記錄。

　　如今，小小的智能手機，其功能已經毫不遜色於一台計算機。各種傳感器也越做越小，並深入生活的方方面面。無處不在的微小計算設備，正在實現無處不在的數據自動採集。傳感器的出現及其技術的成熟，使人類開始有

能力大規模記錄物理世界的狀態，這種進步推動了大數據時代的到來。

2013 年，德國霍芬海姆足球俱樂部把傳感器裝到了足球和每個球員的護膝或衣服上。這些傳感器可以實時記錄球員的活動軌跡、奔跑速度、加速過程、控球時間。一場比賽打下來，系統可以收集 6000 萬條數據，球員、教練都可以對這些數據做分析，並藉此提高訓練質量、制定最佳訓練組合、減小球員受傷的概率。從此，這種技術在體育界全面開花。可穿戴式傳感器在各行各業也得到了廣泛應用。

但真正給大數據時代一錘定音的，卻是社交媒體。

過去 50 年，《紐約時報》總共產生了 30 億個單詞的信息量，現在僅僅一天，Twitter（推特）上就能產生 80 億個單詞。微信則更厲害，平均每天有 450 億次的信息發送。也就是說，如今一天產生的數據總量比《紐約時報》100 多年產生的數據總量還多得多。

社交媒體給全世界的網民提供了一個平台，讓網民隨時隨地都可以記錄自己的行為、想法，這種記錄其實就是在貢獻數據。人人都是「記者」，全民皆有麥克風，全世界

的網民都開始成為數據的生產者。一個網民就是一個傳感器，通過不斷製造數據，把個人感受和行為傳上網絡，形成了人類歷史上迄今為止最龐大的數據爆炸。人類的記錄範圍在不斷擴大。過去，是我們選擇記錄甚麼；今天，是我們選擇不記錄甚麼。可以肯定，人類的數據總量還將滾雪球式地增加。

你用手機時，數據在產生，通信、拍攝、社交、新聞、導航、娛樂、支付都會產生個人行為記錄；你不用手機時，數據照樣在產生，比如實時的位置信息。手機的功能越強，就意味着它所記錄的行為越廣；一個人使用手機越頻繁，就意味着他在雲端產生的個人數據越多。

除了數據量的增加，社交媒體還使人類的數據世界變得更為複雜。在大家發的微博中，你的帶圖片，他的帶視頻，大小、結構完全不一樣。因為沒有嚴謹的結構，這部分數據被稱為非結構化數據。對這部分數據的處理，遠比對存儲在數據庫當中的那些有統一結構和格式的結構化數據進行處理困難得多。

當今這個時代，人類生產數據的速度已經超出了處理數據的速度，這是一個新矛盾。

用「雲」來解決問題

大數據，需要有配套的大計算才行，否則只能乾瞪眼。

舉一個很簡單的例子，在使用打車軟件時，如果走到哪兒系統來不及反應，最後需要付多少錢也來不及處理，用手機支付不能及時到賬，那誰還用打車軟件？又怎麼可能會有今天這麼發達的互聯網應用呢？

2018 年，颱風「山竹」來襲，工作人員需要對颱風快速成像並傳輸給中國氣象局。正常情況下，這些數據的處理和分析，計算量驚人，需要好幾小時。但時間不等人，生命不等人，1 小時之後，颱風可能就會登陸，造成巨大的破壞，你再拿出 1 小時之前的分析和預報已經沒有意義了。

又例如，一個國家有幾百個城市，每一個城市都可能有成百上千家酒店。每天，全國有數億人次的人口在流動，公共安全部門經常需要對幾千億條人員的關係、出行、住宿等數據進行分析和查詢，以確認各種人際關係。這種查詢必須在秒級之內完成，在遇到案件時才能為它的偵破發揮作用。

面對這個挑戰，最本能的思路就是設計一台超級計算

機，有極大的內存、極快的中央處理器，讓這台機器為我們工作。

試想一下，一個將軍領兵打仗，假設他有一名戰士是無敵的，只要把這個人送到戰場上就沒問題了。在雲計算出現之前，人們的思路就是把一台計算機打造成「無敵戰士」。這個戰士不行，換個強壯一點兒的再來。但人們很快發現，一台計算機再強、再快，也是有限度的，「無敵戰士」不存在啊。

1963 年，斯坦福大學的約翰‧麥卡錫教授（1927—2011）曾說：「就像公用電話網一樣，計算的能力有一天會被組織起來，成為一種公共資源和公共事業。這種公共資源和公共事業，會成為一個新的、重要的產業。」

於是，新的思路來了，那就把成千上萬台計算機組織起來，讓它們像一支部隊一樣分工協作，滿足我們的計算需求好了。

不難想像，1 台計算機需要 10 天才能處理完的數據，10 台計算機一起算，1 天就能完成；如果有 1 萬台計算機同時計算，不到一分半鐘就能完成；如果有 10 萬台計算機，不到 10 秒就能完成（事實上可能高於 10 秒，任務分

解和匯總也需要時間）。

　　雲計算實際上就是把一台台計算機組合起來，像一個班、一個連、一個師、一個軍一樣來協同戰鬥。

　　由於摩爾定律的作用，計算機已經成為大眾消費品，很便宜。對一個公司來說，買 1 萬台計算機並不難，那真正難的是甚麼？就跟部隊一樣，你要招 1 萬個士兵不是問題，但組織得好是精銳之師，組織得不好就是烏合之眾。雲計算的難點，就是要把幾萬台、幾十萬台，甚至上百萬台計算機放在一個數據中心，當成一台計算機使用。

　　作為一名將軍，你把一個複雜的戰役任務分派下去，不會派到每個士兵那兒，只要派到軍長、師長那一級就行，這樣一級一級往下派，最後整支部隊的每個士兵都會有任務。你幹甚麼，他幹甚麼，都很清楚，各自把自己的任務幹完就好了。

　　也就是說，雲計算需要一個機制。這是一個分工、協同的機制，它把成千上萬台計算機組織起來，像一台計算機一樣工作，這種機制就是雲的操作系統。雲操作系統是一個軟件，是看不見的，是一個極其複雜的分工體系。

　　我們上面介紹的思路和做法，準確地說，叫分佈式計

算。就是把一個非常大的計算任務，自動分解到成千上萬台單個計算能力並不是很強的計算機上，最後再把各個計算機得到的結果合併起來，得到最終結果。

用分佈式計算對颱風預報的衛星雲圖進行分析，可以從幾小時減少到幾分鐘的時間；在幾千億條人員出行數據當中確定同行關係，也可以在幾秒內完成。有了分佈式計算，單個計算機的性能不再是唯一追求，全球那麼多計算機，用好 1% 就相當了不得了。

那「雲計算」服務又是甚麼？

相對於分佈式計算，「雲」是一個更高級、更抽象、更商業化的概念。具體地說，把分佈式計算平台建立起來，面向全社會提供開放的計算服務，這個服務就可以叫「雲計算」服務（簡稱雲服務）。

把自己專用的分佈式計算平台開放出來，向社會提供商業服務，正是許多雲服務公司的成長發展路線。例如谷歌，為了處理全世界每分鐘上億個搜索計算的請求，搭建了自己的分佈式計算平台，供自己使用。2013 年，谷歌又把這個平台變成了一個通用計算平台，開放給全社會使用，這就是雲服務。

雲服務的意義，不僅僅是可以算得又快又好，通過雲，「計算」從有形的產品變成了無形的服務。客戶購買這種服務之後，不再需要買額外的軟件和硬件，客戶甚至只需要有一個顯示器，再連上雲端，就可以得到全部的計算結果。這意味着不用投入大量的資金了。這是繼互聯網之後，信息技術領域一個重要的創新和變革。

　　回顧這半個多世紀的信息社會歷史：晶體管越做越小、成本越來越低，這給大數據時代的到來鑄好了物理基礎，可以承載海量的數據，這相當於鑄造爐；鼠標的發明、互聯網的普及，讓用戶的一舉一動自動保存在互聯網上，這是數據從無到有的過程；社交媒體的出現，則把全世界每個人都變成了潛在的數據生產者，不斷貢獻數據，這相當於優秀的鑄劍師有了上好的材料；分佈式計算的發明，就像是掌握了提煉的技術。有了鑄造爐，有了上好的材料，還有了技術，心靈手巧的鑄劍師最終煉製出了一把絕世好劍。

　　從此，我們正式進入一個大數據的大計算時代！

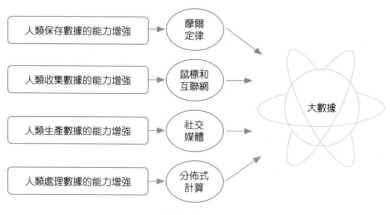

大數據的四大成因

Chapter 12

成為數據科學家

一個神話般的經典

這是一個關於零售帝國沃爾瑪的故事。

沃爾瑪，全世界最大的零售商，擁有 11000 多家分店、200 多萬名雇員。它的銷售收入在 2018 年突破了 5000 億美元，超過了很多國家的 GDP（國內生產總值）。

沃爾瑪的數據庫是世界上最龐大的商業數據庫之一。沃爾瑪也是最早一批大規模使用數據挖掘技術的企業之一。它的首席信息官叫羅林·福特，數據分析是他的核心工作。羅林曾經感歎：「每天早上一醒來，我就要問自己，怎麼才能讓數據流動得更好、管理得更好、分析得更好？」

在一次例行的數據分析之後，研究人員突然發現：跟尿布一起搭配賣得最多的商品竟然有啤酒！

尿布和啤酒，聽起來風馬牛不相及啊！任何一個人都很難將兩者聯繫在一起，但這卻是對歷史數據進行挖掘的結果，反映的是數據層面的規律。這實在令人費解，這是一個真正的規律嗎？

答案，還是在數據裡。

經過跟蹤調查，研究人員終於發現事出有因：一些年輕的爸爸經常要到超市購買嬰兒尿布，有 30%—40% 的「奶爸」會順便買點兒啤酒犒勞自己。

再有想像力的人恐怕也很難想到，事實的真相居然是這個樣子的。沃爾瑪隨即對尿布和啤酒進行了捆綁銷售。果然，銷量雙雙增長。這是數據科學應用的經典案例。

沃爾瑪到底是怎樣發現這個規律的呢？這就要進入數據科學的核心：數據挖掘。數據挖掘，是指通過特定的算法對大量的數據進行分析，在大量的數據當中發現新知識，供人參考。之所以稱之為「挖掘」，是比喻在海量數據中尋找知識，就像開礦鑿金一樣困難。你可以這樣理解，數據挖掘是一台由算法控制的挖掘機，而數據庫就像是一座礦山。

1989 年之前，數據挖掘不叫數據挖掘，而是叫一個很

長的名字：基於數據庫的知識發現。作為挖掘基礎的數據庫也不是和計算機同步產生的，它是在計算機出現之後，慢慢從軟件當中成長、獨立出來的。

數據庫 ＡＢＣ

1946 年 2 月，人類發明了第一台計算機，馮・諾依曼（1903—1957）是這台計算機的主要設計者，他被後人稱為「計算機之父」。

馮・諾依曼其實是一名數學家，他之所以被稱為「計算機之父」，最大的貢獻在於他明確了計算機的體系結構，並確定了計算機內部的數據組織形式：二進制。為甚麼要採用二進制？前面講到過，這是因為半導體的導電和不導電的狀態可以分別用「1」和「0」來表示，只用「1」和「0」兩個數字來表達所有數字，就叫二進制。因為有半導體，二進制比十進制容易實現。

二進制的引進，解決了表達、計算、傳送數據的難題。但當數據在計算機內部累積得越來越多的時候，怎麼快速地組織、存儲和讀取數據呢？這又成了新的挑戰。

最早的時候，程序和數據是在一起的，它們之間你中有我、我中有你。後來數據越來越多，大頭戴不了小帽子，程序已經承載不了這麼龐大的數據了，計算機科學家就開始研究數據在軟件內部的最佳組織方式。直到 1970年，關係型數據庫的發明，把軟件中的程序和數據徹底分開了。從此，程序和數據這「兩條腿」開始在各自的軌道上自由奔跑。這是計算機歷史上的一個里程碑。

　　數據庫就像是一個倉庫，是集中存放數據的地方，它的單位叫「表」（Table），每個表代表真實世界的一個實體。例如，「學生」就是學校裡面的一個實體，那麼就可以用數據庫裡的一個表代表學生這一實體。下面就是一個學生信息表，每一列的數據項，如學號、姓名、班級等，都代表學生這個實體的一個屬性；每一排的數據，都代表某一個具體的學生。

學生信息表

學號	姓名	班級	性別	語文成績 / 分	數學成績 / 分	英語成績 / 分
10001	王小明	三年級 2 班	男	89	87	87
10002	李曉華	三年級 4 班	女	75	85	98

學號	姓名	班級	性別	語文成績 / 分	數學成績 / 分	英語成績 / 分
10003	黃堅強	四年級 5 班	男	74	79	87
10004	朱得立	五年級 6 班	男	89	90	75

學校裡除了學生，課程也可以是一個表，還有每個學生的課程信息也可以是一個表。各個表之間有 4 種可能的對應關係：一對一、一對多、多對多、無關係。數據庫中的各個表，一個連着一個穿在一起，它們之間的結構有點兒像糖葫蘆。

例如，一個學生可以學習多門課程，那「學生信息表」和「課程信息表」之間，就是「一對多」的關係。

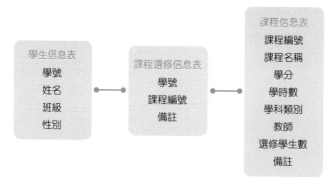

隨着軟件的普及，數據庫和表也會增多。到了 20 世紀

90 年代，面對各行各業數據記錄的激增，管理大師彼得·德魯克（1909—2005）發出慨歎：「迄今為止，我們各種各樣的系統產生的僅僅是數據，而不是信息，更不是知識！」

這是甚麼意思呢？

人類需要的並不是直接保存在數據庫裡的數據，而是信息和知識。這三者不一樣。簡單地說，知識就是從數據當中發現的有用的呈現規律的信息。

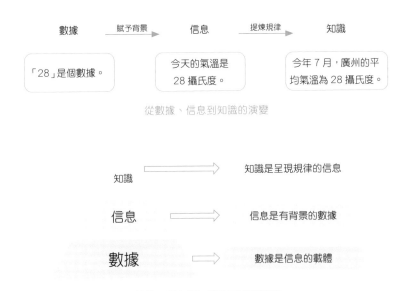

從數據、信息到知識的演變

數據、信息和知識的區別和聯繫

明白了數據、信息和知識之間的關係，我們再來看看沃爾瑪是怎樣利用數據來獲取信息，並從中提煉出規律的吧。

　　在進入高端的數據挖掘之前，它首先要做的是日常性的數據分析。

沃爾瑪怎樣做日常數據分析

　　沃爾瑪的分店遍佈全世界，為了提高內部的管理效率，它從 20 世紀 80 年代開始，建設了很多信息系統。要做好數據分析，就要把所有的信息系統連接起來，進行多維度的分析。這叫聯機分析處理（Online Analytical Processing），也叫多維分析處理，英文簡稱 OLAP。

　　「維」是聯機分析的核心概念，指的是人們觀察事物、計算數據的特定角度。維數越多，說明觀察同一個事物的角度越多。上上下下，左左右右，它的過去和現在都被看到了，你自然就知道該事物長甚麼樣子，也能大體預測出它未來是個甚麼樣子。

　　舉個例子，沃爾瑪如果要分析自己的銷售額，可以按

地點、時間、產品類別或國別分析；也可以按供貨渠道、客戶群體分析。這些不同的分析角度，就叫「維度」。

每個問題都可以是一個維度或多個維度的交叉。例如：

- 沃爾瑪 2018 年在美國紐約州的銷售量、銷售額分別是多少？

  這個問題有 2 個維度：地點和時間。

- 沃爾瑪 2018 年在紐約州奶製品的銷售額是多少？

  這個問題有 3 個維度：地點、時間和產品類別。

- 沃爾瑪 2018 年在紐約州進口奶製品的銷售額是多少？

  這個問題有 4 個維度：地點、時間、產品類別和供貨渠道。

隨着維度的不斷增多，問題就變得越來越複雜。1 個維度是直線的，2 個維度是平面的，3 個維度可以想像成一個立方體。一旦超過了 3 個維度，人類的思維和想像力就受到了很大的限制。

人類就生活在三維空間裡，對一維、二維、三維都很熟悉，加個時間的話，還能對四維空間有點兒感覺，再多

的維度就完全無法想像了。可據說宇宙共有 11 個維度，那是甚麼樣子，實在是想像力受限，感知不到啊！

人類無法突破限制，這時，強大的計算機就有了用武之地。

同時，一個維度還可以再進行下鑽細分。

例如，奶製品可以分為液體奶和奶粉，液體奶又可以分為殺菌奶、滅菌奶、酸奶等；奶粉又可以分為脫脂奶粉、全脂奶粉、嬰幼兒奶粉等。你知道了奶製品的銷量，可能還想知道液體奶的銷量，你知道了液體奶的銷量，可能還想知道酸奶的銷量，這就是沿着產品的維度下鑽；又如地點的維度，知道了紐約州的銷售額，分析人員可能還想知道其中某個地區、某個城市、某個小區的銷售額，這都可以一層一層地下鑽。

和下鑽相對應的，是上捲。

例如，從一個城市的銷售額，沿着向上的維度，可以得到一個州的銷售額，然後再往上，就加總到全美的銷售額，這就是一個典型的上捲。

有了這樣的聯機分析，用戶可以在各個維度之間自由切換和組合，從而獲得全面、動態的分析結果。

理解時間、產品和地點三個維度的交叉

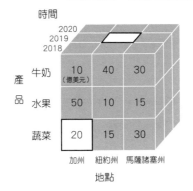

時間

2020
2019
2018

（單位：億美元）

產品

	加州	紐約州	馬薩諸塞州
牛奶	10（億美元）	40	30
水果	50	10	15
蔬菜	20	15	30

地點

・加粗方塊（上）：2019 年紐約州奶製品的銷售量
・加粗方塊（下）：2018 年加州蔬菜的銷售量為 20 億美元

理解一個維度或兩個維度的交叉

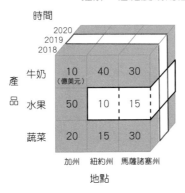

時間

2020
2019
2018

產品

	加州	紐約州	馬薩諸塞州
牛奶	10（億美元）	40	30
水果	50	10	15
蔬菜	20	15	30

地點

・橫割（地點和產品 2 個維度的交叉）：所有年份（本圖只有 2018 年至 2020 年）紐約州和馬薩諸塞州水果的總銷量，為黑線加粗部分
・豎切（時間 1 個維度）：所有州、所有產品（本圖只有 3 個州、3 類產品）在 2019 年的總銷量，為灰線加粗部分

註：為了繪圖的方便，這個例子每一個維度只取了 3 個值。事實上，每個維度的值都可以無限增加，例如年份可以增加 2015 年、2016 年、2017 年等，產品可以增加甜點、咖啡等，地點可以增加佛羅里達州等。

理論上，企業日常經營的一般性問題，都可以通過鼠標的點擊從用戶的指尖彈出。這時，數據盡在手中，就像玲瓏剔透的水晶，可以任意橫切豎割，流暢得令人歎為觀止。

　　但聯機分析本身，卻還是回答不了「尿布和啤酒」的關聯問題，它看到的只是顯示出來的情況，是對企業經營情況的透視性探測。

　　下面我們要講數據挖掘，它是對數據進行挖山鑿礦式的開採，要的是發現潛藏在數據表面之下的規律，開採出那些不為人知的知識。

購物籃分析

　　數據挖掘的關鍵在於算法。算法是運用數學和統計學的方法和技巧，用計算機語言編寫的解決某一類問題的步驟。我們用算法挖掘數據，才能在看起來雜亂無章的大數據裡發現有價值的線索。

　　在超市裡買東西，我們都會用到購物籃、購物車，所以有了一個叫「購物籃」的算法。直白地說，就是分析顧

客購買某種東西時，哪種東西被同時購買的可能性更高，這樣我就可以提醒他們購買，顧客就可能會買更多的東西。

舉例來說，今天早晨有 5 個顧客在你家樓下的小超市購物，他們購物籃中的商品如下圖所示：

交易號	商 品
001	麵包、牛奶
002	麵包、尿布、啤酒、雞蛋
003	牛奶、尿布、啤酒、可樂
004	麵包、牛奶、尿布、啤酒
005	麵包、牛奶、尿布、可樂

我們可以清晰地看到，尿布出現了 4 次，啤酒出現了 3 次。也就是說，4 名購買尿布的顧客中有 3 名買了啤酒，搭配購買率達到了 3/4（75%）。看起來，這兩個商品的購買關聯度還是挺高的。

這裡的 4 和 3 叫作支持度，3/4 叫作可信度。如果你對這兩個概念感到困惑也沒關係，接着往下看。

支持度：就是一件商品或者一個商品集在整個數據集中出現的次數，即：

{尿布}的支持度為 4，{尿布，啤酒}的支持度為 3。

這樣看來，出現次數越多的商品，支持度也就越高，說明它的「人氣」也就越旺。

請記住，支持度是我們判斷兩個物品之間是否有強關聯關係的第一個門檻，它衡量了關聯程度在「量」上的多少。

可信度：是一種關聯關係的有效程度，即：

$$\{尿布\}\longrightarrow\{啤酒\}的可信度 = \frac{\{尿布，啤酒\}的支持度}{\{尿布\}的支持度}$$

{尿布，啤酒}的支持度為 3，{尿布}的支持度為 4，所以 {尿布}$\longrightarrow${啤酒} 這樣的關聯規則的可信度為 3/4 = 0.75。即在所有購買了尿布的記錄中，有 75% 的可能同時購買啤酒。

請記住，可信度是我們判斷兩個物品之間是否有強關聯關係的第二個門檻，它衡量了關聯程度在「質」上的可靠性。

現在我們假設有 4 種商品，分別是 A、B、C、D。下圖展示了這 4 種商品之間所有可能的組合，共有 15 種。現在我們要找到顧客經常購買的商品組合。

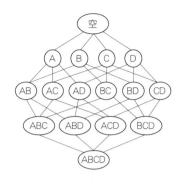

還是舉例說明，先來看看 A 和 AD，數一下它們在圖中出現的次數：A 出現了 8 次，AD 出現了 4 次。那麼購買 A 商品的顧客有 4/8 的可能會同時購買 D 商品，也就是有一半的可能。依此類推，我們可以算出每一種組合的支持度和可信度是多少，然後比較一下可信度，就能找出最常在一起購買的商品組合了。

商場知道了這些，就可以不斷把商品的「自由組合」變為「最佳組合」，讓消費者更願意把它們一起買回家，也就是各種購物網站讓人眼花繚亂的捆綁銷售、組合套裝。

道理是明白了，但是，有些讀者馬上就意識到這張圖裡面只有 4 種商品，計算起來還比較簡單。如果商品的種類增多，上萬甚至上百萬呢，那得多少組合項啊！靠人腦怎麼算得過來？事實上，一個普通百貨商場的商品就有上萬種。有沒有辦法快速減少組合項，減少計算時間呢？

那就需要用更快、更好的算法了，這就是數據科學家的任務。至於算法，沒有最好，只有更好。不僅如此，我

們還需要一種能與計算機打交道的語言，讓計算機明白你的算法，老實地去執行整個購物籃分析的步驟。這樣，即使有千萬種組合，計算機也能「嗖」地一下就得到結果啦！

看起來有點兒複雜？不，這其實並不難。只要大家先學好數學和統計學，然後再學會一門能與計算機打交道的編程語言，以後就可以去數據分析部門上班嘍！購物籃分析是大型超市非常依賴的一種分析方法，能夠指導超市合理擺放商品，根據時令做好促銷策略。例如月餅應該 2 盒還是 3 盒捆在一起，又該跟其他哪些商品擺在一起或者搭配銷售等。人要打破常識思維是很難的，所以，想破腦袋瓜子你可能也不會想到，把啤酒和尿布放在一起賣居然能「來電」。可是購物籃分析沒有成見，它比一個經驗豐富的超市經理更能發現現實世界中隱藏的聯繫。

即使不做購物籃分析，零售店也知道把麵包和牛奶放在一起賣，而不會把馬桶和麵包放在一起，這是常識。大數據分析的結果有意義的只佔少數，可能只有 1% 的發現真正具有指導意義。這種方法很依賴數據量，只有數據量足夠大的時候，分析的結果才更具價值。這就像是駕船出海尋寶，能不能找到寶藏，那可不一定。

在其他領域，購物籃分析也有着廣泛的應用。例如在電信、金融、保險領域，它可以用來設計不同的服務組合、投保組合；甚至在醫療領域，分析哪些藥物和治療措施放在一起會導致併發症，用的也是購物籃分析。

總結一下，要成為一名酷炫的數據科學家，你必須掌握以下 3 個領域的知識。

1. 數學和統計學。這也是小數據時代的數據科學家必須具有的知識背景。

2. 計算機編程。到了大數據時代，因為數據的多樣性和廣泛性，你必須藉助計算機，所以一定要會和機器溝通，學會計算機編程，以實現自動處理的目標。最高的境界是機器學習，機器具備自己從數據當中去學習和發現的能力，一個開了竅的機器是非常可怕的，這就是人工智能了。

3. 專業領域知識。某個專業領域的知識可以幫助你結合現實，確認計算機分析的結果是否有真正的價值。購物籃分析就要求分析人員是一個零售行業專家，因為分析本身只發現了顧客購物的規律，但規律背後的原因還需要分析人員自己尋找。

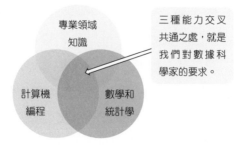

專業領域知識

三種能力交叉共通之處，就是我們對數據科學家的要求。

計算機編程

數學和統計學

註：數據科學是一門新興的交叉學科，數據科學家要比計算機專家更懂統計，要比統計專家更精通計算機編程。看，要想做一名數據科學家可不是一件容易事兒。可話說回來，哪有隨隨便便的成功呢，要想有成就，不跨點兒界還真不行。

上面的圖表明的是對數據科學家的能力要求，但這並不代表數據科學是數學、統計學或者計算機科學的一個分支。事實上，假以時日，數據科學這一新興學科會成為一個比統計學領域更大、應用更廣泛的學科，它的目標就是用自動化、智能化的方法來處理數據，發現數據背後的知識和規律。

數據挖掘、統計和機器學習的區別

我們前面講到，由於抽樣技術的出現，統計科學發生了一場革命，社會調查可以通過選取有代表性的樣本來完

成，而不必像人口普查那樣，把全社會的人都問一遍。但和數據挖掘相比，統計技術已經有明顯的不足。

1948 年，杜魯門和杜威競選美國總統，蓋洛普通過抽樣調查預測杜威將會當選。新聞界對這個預測深信不疑，《紐約時報》等報紙提前一天印好了杜威當選美國總統的版面，準備搶佔先機。結果卻令所有的人都大跌眼鏡，最後當選的是杜魯門！那些印有杜威當選消息的報紙只好全部銷毀。

蓋洛普失敗的原因就在於，抽樣調查需要經過問卷設計、信息收集、數據分析等多個步驟，這導致它掌握的數據有滯後性，而真實的情況是瞬息萬變的。在競選結果出來前的最後的兩週裡，蓋洛普不得不停止調查，而杜魯門卻恰恰在這最後的關頭扭轉了戰局。

在大數據時代，對總統競選的預測出現了新的方法：在投票的前後，對社交媒體上的數據進行觀點的挖掘，可以較為準確地預測出誰能當選。2008 年和 2012 年兩屆美國總統選舉，都有人通過挖掘 Twitter、Facebook 上的數據，準確預測出了結果。

這種對互聯網數據的挖掘不需要設計問卷，也不需要

挨個兒調查，成本很低；這樣的數據分析，一個人就可以完成，而不像問卷那樣要出動大量的人馬；更重要的是，這種分析是實時的，沒有滯後性。所以，有越來越多的科學家相信，因為大數據的出現，統計科學和數據科學將重新洗牌，進入一個新的時代。在這個新的時代，數據挖掘將成為越來越重要的分析預測工具；抽樣技術的重要性將下降，這種技術將成為輔助工具。

雖然數據挖掘如日中天，但也有搶風頭的，這就是機器學習。打遍天下無敵手的國際象棋機器人「深藍」，還有把眾多圍棋名將下得沒有脾氣的機器人阿爾法狗（AlphaGo），用的都是機器學習技術。機器學習憑藉的也是計算機算法。和數據挖掘不同的是，其算法並不是固定的，它能夠隨着計算、挖掘次數的增多，自動調整算法的參數，使挖掘和預測的結果更為準確。

我在本書的姊妹篇《一小時看懂人工智能》當中，會詳細地講解機器學習。

用圖形分析數據

　　除了會用算法分析數據，一個好的數據科學家還要會用圖形分析數據。還記得斯諾醫生嗎？他用一張圖分析出了導致霍亂傳播的不是空氣，而是水。下面我們再來講一個與斯諾同時代的故事。

　　1855 年，克里米亞戰爭爆發了。這場戰爭導致 50 多萬人死亡，異常慘烈。作為交戰一方的英國當然是傷亡慘重。

　　弗羅倫斯・南丁格爾（1820—1910）是英國的一名戰地護士，也是一名自學成才的統計學家。她在考察了英國士兵的傷亡情況之後，發現由於醫療衛生條件惡劣而導致的死亡人數，大大超出了在前線直接陣亡的人數。

　　南丁格爾將她的統計結果製成了一張圖表。圖表清晰地反映了「戰鬥死亡」和「非戰鬥死亡」兩種情況下死亡人數的懸殊對比。強烈的視覺效果引發了英國整個社會的激烈討論，促成了英國政府出台成立野戰醫院的決策。由此，人類歷史上第一所正式的野戰醫院建立起來了。

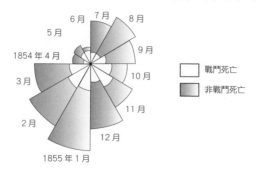

1854 年 4 月至 1855 年 3 月，英國軍隊士兵的死亡原因

戰鬥死亡

非戰鬥死亡

註：每個月的死亡人數以 30 度的扇形面積表示，內環白色代表因戰鬥死亡的人數，外環藍色代表非戰鬥死亡的人數。（圖片來源：SAS 公司）

南丁格爾後來被譽為現代護理學之母。她的這張圖表更是歷史上第一份「極區圖」，也是統計學家對利用圖形來展示數據進行的早期探索。

一張圖表改變了一個制度，這並不誇張。人類天生就是感性的生物，視覺衝擊對人的震撼要遠遠強過單純的聯想。南丁格爾的這種做法被稱為數據可視化。它是指以圖形、圖像、地圖、動畫等更為生動和易於理解的方式，展現數據的大小，詮釋數據之間的關係和發展的趨勢，以更好地理解並使用數據分析的結果。

南丁格爾的事例充分地證明了數據可視化的價值，特

別是在公共領域的價值。生理學也證明，人的大腦皮層當中，有 40% 是視覺反應區，人類的神經系統天生就對圖像化的信息最為敏感。通過圖像，信息的表達和傳遞將更加直觀、快捷、有效。而且，人的創造力不僅僅取決於邏輯思維，還取決於形象思維。數據可視化的技術，可以通過圖像進一步激發人的形象思維和空間想像能力，吸引、幫助用戶洞察數據之間隱藏的關係和規律。

20 世紀 70 年代，由於計算機技術的興起，一批有遠見卓識的學者看到了這個領域巨大的潛力。有人認為：「未來的計算機不僅要能計算，還要能將計算結果轉變為直觀的圖形。我們應該研究這兩種結果，因為每一種都有助於我們理解問題。」

1983 年，耶魯大學的教授愛德華・塔夫特成了數據可視化這門學科的掌門人。塔夫特系統考證了人類用「圖形」表達「數據」和「思想」的淵源，整理了歷史古籍中的圖形瑰寶，並結合計算機的發展給統計領域帶來的革命，出版了《定量信息的視覺展示》一書。這本書後來被公認為是「數據可視化」作為一門學科的開山之作。

這本書的出版也有一段波折。

因為塔夫特整理了從古至今（他所處的時代）很多優秀的圖表，他堅持要在新書中使用高質量、高精度的彩色插圖。幾乎所有的出版商都認為這是賠本買賣，沒人願意出版。塔夫特卻很相信自己的判斷，他抵押了自己的房子，自費出版了這本書。

結果令出版商大吃一驚：這本書獲得了巨大的商業成功，塔夫特教授也成功轉型為信息學專家，被奧巴馬任命為顧問。

塔夫特強調，數據可視化的關鍵在於「設計」，「信息過載這回事並不存在，問題出在糟糕的設計，如果你用來表達數據的圖形讓人感覺雜亂不解，那就要修改你的設計」。

美國總統每年公佈政府預算都是美國的一件大事。在塔夫特的領導下，美國白宮曾經用一張圖對奧巴馬公佈的年度預算進行了可視化處理。如下圖，圖形以線條的粗細表明各項收支金額的大小，左邊是收，右邊是支，中間的灰色部分是赤字缺口，形象貼切。奧巴馬收了多少錢，要辦哪些事，各項收入和支出一目瞭然。

奧巴馬在 2010 年預算開支的可視化展示

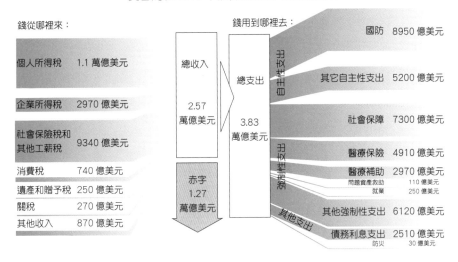

錢從哪裡來：

個人所得稅	1.1 萬億美元
企業所得稅	2970 億美元
社會保險稅和其他工薪稅	9340 億美元
消費稅	740 億美元
遺產和贈予稅	250 億美元
關稅	270 億美元
其他收入	870 億美元

總收入
2.57 萬億美元

赤字
1.27 萬億美元

總支出
3.83 萬億美元

錢用到哪裡去：

自主性支出

國防	8950 億美元
其它自主性支出	5200 億美元

強制性支出

社會保障	7300 億美元
醫療保險	4910 億美元
醫療補助	2970 億美元
問題資產救助	110 億美元
就業	250 億美元

其他支出

其他強制性支出	6120 億美元
債務利息支出	2510 億美元
防災	30 億美元

（數據來源：《華盛頓郵報》，2010 年 2 月 1 日）

　　進入 21 世紀之後，大數據的爆炸使人們更加需要展示數據、理解數據、演繹數據的工具。這種需求，刺激了數據可視化專業市場的形成，其產品迅速增多，可謂絢麗多彩、百花齊放。從最早的點線圖、直方圖、餅圖、網狀圖等簡單圖形，發展到以監控商務績效為主的儀錶盤、記分板，再到交互式的三維地圖、動態模擬、動畫技術等。越來越直觀化、趣味化的表現方法，讓曾經冰冷、枯燥的數

據「動」了起來、「舞」了起來，變得更能感染人！

數據可視化把美學的元素帶進了數據分析，給它錦上添花。一幅好的數據圖像不僅能有效地傳達數據背後的知識和思想，而且華美精緻，如一隻隻振動翅膀的彩蝶，刺激視覺神經、調動美學意識，令人過目不忘。

簡而言之，圖形是解決邏輯問題的視覺方法。

作為一個新興的行業，數據可視化的發展潛力不容小覷。數據可視化工程師既懂數據分析，又精通構圖的藝術，集故事講述和藝術家的特質於一身，通過把複雜的數據轉化為直觀的圖形，他們把數據分析的結果推向了普通大眾，可謂是大數據時代的導航員。

大數據之大，不僅在於容量大，其根本還在於潛在的價值大。

價值在於使用。埋在地底下的石油，遠古時代就已經存在了。但人類之所以能夠進入石油時代，是因為掌握了開採、冶煉石油的技術，石油才變成燃料，變成液體黃金。

道理是一樣的，人類可以邁進大數據時代，最根本的原因，是人類的數據技術取得了重大的突破。通過以數據挖掘為核心的一系列技術，人類在數據當中發現了新的知

識、創造了新的價值，從而為社會帶來「大知識」「大科技」「大利潤」和「大智能」等大機遇。

有了大數據，所有事情都值得重做一遍！在這個新時代，數據就是財富，數據分析的能力就是核心競爭力，很多行業都要相繼跨入一個數據興則興、數據強則強的「數據競爭」時代。這也是一場數據科學家之間的競爭，以發現新知識為使命的數據挖掘和機器學習，就是這個時代最為矚目的競爭利器。

Chapter 13
正義的大數據

監測馬路殺手

2011 年 10 月，美國佛羅里達州的一個小城市裡發生了一起交通事故，事故原因是一名退役警察超速行駛。

一個叫克斯汀的女記者關注到這起案件。她查閱了歷年的數據，發現自 2004 年起，整個佛羅里達州發生過 320 起警察超速導致的交通事故，但最後只有一名警察入獄服刑。

克斯汀意識到，這是一個值得關注的社會問題。她甚至懷疑這個數據只是冰山一角，類似的情況還有很多，開快車可能是警察們經常的行為。

但懷疑也只是懷疑，克斯汀知道，要證明警察這個群體凌駕於法律之上，是個很大的挑戰，最難的就是取證。

克斯汀試過跟蹤警車。她抱着測速雷達，一連幾天守在高速公路邊，一看見有超速的黑點，就驅車直追。但她很快發現，這是守株待兔，路上車太多，難以確定目標，追上了卻常常發現不是警車；就算碰上了超速的警車，她也無權截停，只能通過拍照片或攝像取證。

　　克斯汀想出了一個奇招，她根據美國的《信息自由法》，向當地的交通管理部門申請數據開放，因為警車是公務用車，公民有權了解其使用的狀態。她獲得了 110 萬條當地警車通過不同高速路口收費站的原始數據，又用了 3 個月的時間對這些原始數據進行整合和分析。

　　她選取兩個特定的收費站，測算它們之間的距離；再在 110 萬條記錄當中找到同一輛警車通過這兩個不同收費站的具體時間，兩點之間的距離除以時間差，就是該警車的平均行駛速度，也就是區間測速。

　　結果令人震驚。在 13 個月期間，當地所屬的 3900 輛警車一共發生 5100 宗超速事件，其中 96% 的速度在 144 千米 / 時至 176 千米 / 時之間，當地 1/5 的警車都有超速的「劣跡」。而且記錄表明，絕大部分超速的情況都發生在下班之後或者上下班途中。這意味着，他們開快車並不全是

為了執行公務。

　　克斯汀隨後在當地的《太陽哨兵報》上公開發表了她的數據分析過程，引起輿論一片譁然。接下來的一個月，《太陽哨兵報》的電話響個不停，全美各地的讀者打電話來洵問。而當地的警務部門則發生了一場「大地震」，5100宗超速事件涉及 12 個部門的近 800 名警察，鐵證如山。數百名警察受到警告、停發工資、開除、剝奪駕駛權等不同程度的處罰。

　　故事講到這裡，還沒有完。第二年，克斯汀又向當地政府申請開放新年度的數據。她用新數據和舊數據進行了對比，發現這一年警察超速的情況已經下降了 84%，克斯汀又發表了一篇新的分析報道，她甚至把數據分解到了各個警務部門，詳細地列出了每一個部門的改進水平。

哪些部門的警察還在開快車？
（2012 年 2 月到 10 月與 2011 年的同期對比）

速度超過 144 千米／時的汽車比例		速度超過 144 千米／時導致的事故量
24%	2011 布勞沃德郡	2011：66
12%	2012 警長辦公室	2012：19
17%	2011 戴維縣	14
4%	2012 警察局	5

速度超過 144 千米 / 時的汽車比例	速度超過 144 千米 / 時導致的事故量
37%　2011　佛羅里達高速	759
17%　2012　公路巡邏隊	190
……	……
14%　2011　森賴斯	59
3%　2012　警察局	2

所有警務部門總計速度超過 144 千米 / 時的汽車比例	速度超過 144 千米 / 時導致的事故量
27%　2011　所有警	2011：3179
7%　2012　務部門	2012：495

註：上圖為克斯汀在第二篇報道中引用的部分數據。

克斯汀的系列報道獲得了 2013 年普利策新聞獎。獲獎理由是：以無可辯駁的數據，調查記錄了警察在非公務期間開快車、危及市民生命的事實，這種致命威脅在後續的討論和整頓中得到消減。

可以想像，如果不是通過數據創新，如果沒有上百萬條的數據記錄以及成熟的數據分析手段，類似這種「警察群體開快車」的社會問題，人們可能有感受，卻無法在法庭上得到證實。這種知法犯法的特權行為，也很難得到有效的糾正和治理。

但這個故事的啟發意義還遠不止於此。

10 次車禍 9 次快，超速行駛一直是公路上的「超級殺手」。由於缺乏有效的治理手段，這種行為難以根治。目前的主要手段是警察巡邏加上雷達測速。

　　這兩種方法不僅成本高，而且監測範圍有限。採用克斯汀的方法，只需要獲得車輛通過 A 收費站和 B 收費站的時間，就能計算出車輛在這個路段行駛的平均速度，是否超速一目瞭然。同時，它監測的對象是道路上行駛的所有車輛，這能夠打消駕駛員的僥倖心理。

　　不妨再進一步設想：如果一輛車在行駛過 B 收費站的時候，B 收費站就能夠獲得 A 收費站的數據，進行實時計算，那這種監測是否更加迅速有效呢？

　　這當然不是難題，答案就是用「雲」。

　　如果我們把一個地區所有收費站的數據都放到同一個「雲」上，通過大數據能夠得出多少新發現呢？這會給現實世界帶來巨大的改變，結果你自己去想像吧。

高清社會

　　我曾旅居杭州 4 年。這 4 年中很喜歡看《錢江晚報》。

有一天，我看到一個大消息，之江花園案破了！

之江花園別墅的這起案件曾經轟動整個杭州市。2003
年，有人在一個雨夜潛入之江花園，入室搶劫殺人，隨後
潛逃，再無音信。這一年，華人神探李昌鈺第一次來杭
州，有人拿這個案子問他，當時他也拿不出辦法，但留下
了一句話，「只要時機到來，案子遲早會破」。

這個時機，一等就是 13 年。

讓人沒想到的是，等來的時機竟然是大數據。

20 世紀 90 年代，杭州警方開始普及「生物痕跡」的概
念，引進了物證管理系統；2008 年，標準化採集儀器「搜
痕儀」在杭州的派出所得到普及，它可以收集記錄人像、
DNA（脫氧核糖核酸）、指紋、掌紋、足印以及鞋底式樣
等數據；2012 年，這些數據開始向雲端轉移，形成「物證
雲」，任何一個嫌疑人的數據都可以在「物證雲」中和其他
數據進行大範圍的比對。

「物證雲」正是大數據在警務系統內的應用。它在之江
花園案的破案過程中起到了關鍵作用。

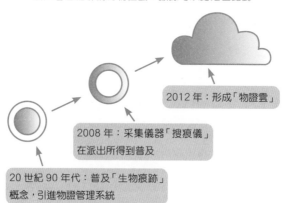

浙江省已經聯網的物證雲：數據可以跨地區比對

2012 年：形成「物證雲」

2008 年：采集儀器「搜痕儀」在派出所得到普及

20 世紀 90 年代：普及「生物痕跡」概念，引進物證管理系統

　　2015 年 9 月，一名姓俞的男子在諸暨一家麵館因為爭吵而傷人。當地警方把他制服後，提取了他的 DNA 等數據，並錄入到「物證雲」上。沒有想到的是，幾年之後，跨地區比對實現了，突然發現他的各項數據和之江花園案留下的痕跡高度吻合，俞某的身份很快得到確認。

　　為了破之江花園案，杭州警方十多年來踏破鐵鞋，但真正破案時卻沒費多少工夫。這首先要歸功於「物證雲」的強大覆蓋能力，「物證雲」讓一些零散的數據形成了聯繫，破案時機就在這種比對中出現了。

　　1975 年至 1986 年間，美國出現了一起連環案，犯罪嫌

疑人被稱為「金州殺手」。辦案人員追蹤他 20 多年，查對過數千名嫌疑人，但都沒能抓到他。

2017 年 12 月，一名探員突然想到了一個應用大數據的新辦法。他把已經掌握的嫌疑人的 DNA 上傳到一個尋親網站，這個網站能夠分析上傳的基因數據，為人們尋親溯祖提供線索。結果，真的找到了一個和嫌疑人 DNA 部分匹配的人。憑藉這個重要的發現，警方將嫌疑人的範圍從上百萬人縮小至一個家族。在排查之後，警方抓到了案犯迪安傑洛。此時，這位「金州殺手」已經 72 歲了。

正義雖然姍姍來遲，卻沒有缺席，這裡面最大的功臣也是大數據。

我的警察朋友這樣告訴我：「大數據和新技術太厲害了，我們現在是有案必破，破積案、等案破、沒案破。」「今天你要是做了壞事，就別跑，因為你根本跑不掉，你就坐在家裡，等着警察來找就沒錯了。」

這說的可能有些誇張，但也正說明警方如今的底氣不是一般的足。為甚麼底氣能這麼足？正是因為有了大數據的分析。

今天，幾乎人類所有的行為都在留下數據。凡走過

的，必留下痕跡。通過對痕跡的分析，一個人幾乎沒有秘密。普通人是這樣，犯罪分子也是這樣，除非他一直躲在深山老林裡不出來，顯然，這在現代社會幾乎是不可能的。

我在阿里巴巴工作期間，接到最多的政府部門電話，就來自公安部門。阿里巴巴能提供各種各樣的數據，以驗證、擴大公安部門的辦案線索。因為電商平台的交易是數據化的，一切有跡可查。針對平台上的可疑交易，螞蟻金服集團的數據分析團隊可以向公安部門提交分析報告。

可以肯定，未來洗錢、偷稅、漏稅等經濟犯罪的空間將會越來越小。

數據紋理

大自然中沒有兩片相同的葉子。因為，紋理可以將一片葉子與另一片葉子區分開來。也沒有兩個人的聲紋或指紋是相同的。

同樣，在數據空間裡，一個人或一個物體就是一個獨特的「數體」，它可以被無數數據定義、支撐、背書。每一組、每一條數據又都有自己的特徵，就像聲紋和指紋，它

們是數據紋理，簡稱「數紋」。

　　每個人的臉型、指紋、心跳和血壓等生理數據不一樣，每個人的社會活動也不一樣，不斷地收集、整合一個人的數據，一個獨特的數紋就出現了。憑藉這些數紋，就可以清晰地定義一個人，區分這個人和另一個人。這種個體區分力，在人類的歷史上還從沒有過。但今天的政府正在擁有，我叫它「單粒度治理」的能力，意思是，人正在成為顯微鏡下的一粒原子。

　　打個比方，就像漫天飛雪，雖然每片雪花高度相似，但它們在形成過程中，由於水蒸氣條件的不同，形成了各自的獨特構造，再受氣流的影響，紛紛揚揚下落的路徑充滿變數，每一片都不一樣。今天的技術就好比上蒼之眼，可以在空中鎖定、跟蹤、分辨每一片雪花的軌跡。

　　我們知道，犯罪常常藉助黑暗發生。黑暗製造了一個模糊社會，罪犯的行為得以隱遁。歷史數據也證明，75%以上的偷盜都發生在夜間，在沒有電的時代，如果夜間行人增加，城市的犯罪率就會上升。19 世紀 80 年代，愛迪生改良了電燈，電燈給城市帶來了穩定、持續的光亮。社會學家發現，隨着一個城市照明狀況的改善，犯罪率會有明

顯的下降，亮堂的地方犯罪行為變少，其中的道理是不言而喻的。

今天的數據有同樣的功效。快速整合的數據，無處不在的攝像頭，它們無異於一種新的「光」，照向了人性的幽暗之處，清除了人類的僥倖心理。大數據正在催生一個更加安全的高清晰的社會，你們將會見證人類社會犯罪率更大幅度的下降。

Chapter 14

知冷知熱的大數據

科技「保姆」上線

　　2018 年 8 月，南方的一個花園小區裡，一對老人倒在家中，被發現時已死亡多日。新聞報道說：二老都是退休教師，老爺子 70 多歲了，患有阿爾茨海默病，老太太也患有多種疾病。兩位老人平常和藹可親，沒有想到說走就走了，多日後才被鄰居發現，實在可憐。老人有一個兒子，就住在隔一條馬路的小區。

　　小區裡人來人往，兒子就住在隔壁的小區，可這樣的事還是發生在了眼皮子底下，到底出了甚麼問題？大家可能會想到鄰里關係的冷漠，兒子對老人疏於照顧，老人即使身處鬧市，又與獨居有甚麼區別？

　　每家都有老人。當今中國，獨居老人或者叫「空巢」

老人的問題已經非常嚴重。據統計，截止到 2018 年年底，我國 60 週歲以上的人口大約有 2.5 億，佔人口總數的 18%，其中 65 週歲以上的人口約 1.7 億，佔人口總數的 12%。中國即將進入人口老齡化的高峰階段。

中國 2010 年到 2050 年人口老齡化趨勢

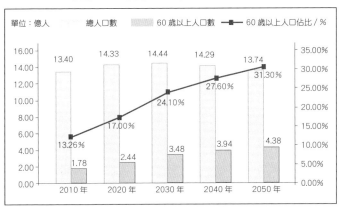

（數據來源：中國社會科學院）

我還曾經看過一個報道，有一個在外地打工的遊子打電話回家，連打了幾天都沒人接聽。他非常擔心，放下工作直奔家中，推開門就發現慘劇已經發生了。幾天之前，他父親因為心臟病發作死在浴室，母親癱瘓在床，因為沒有人照顧餓死了。

不斷看到這樣的悲劇，真是令人難受。我想，今天有那麼多的傳感器、智能手環，用好了一定可以解決這個問題。

　　移動技術已經讓人類永不下線，傳感器普及的浪潮正在到來。智能手環收集到的數據如果可以和醫院實時聯通，那麼被監控者的心跳、體溫等數據就可以源源不斷地傳送到醫院的數據庫中。當被監控者的心跳出現異常時，算法就可以把數據推送給醫生，提醒其注意及時救治。

　　目前，江蘇省揚州市的個園社區正在嘗試為老人安裝「智能看護」傳感器，主要包括：床墊傳感器、馬桶傳感器、煤氣泄漏報警器和室內紅外線傳感器等。這些傳感器每天會按時將收集的數據發送到系統終端，社區負責人員和子女只要打開手機，就可以了解到老人當天的生活情況。

　　日本社會也存在老齡化的問題，比中國更嚴重。據統計，日本的獨居老人約 600 萬，每年有 4 萬人孤獨離世。為了關注他們，日本人也用上了大數據，他們通過能源提供商監測這一家住戶的水龍頭幾天沒被使用了，燈有沒有被打開，燃氣一直在被使用或者沒被關掉等。日本家庭的水錶一般安裝在住所外面，因此，改造水錶很方便。通過

安裝一個可以實時記錄用水量的電子指示器，關注獨居老人的想法就可以實現。遠方的子女每天都可以看到老人的能源使用數據，從這些數據推測老人做飯、洗澡所需的時間。當發現數值異常時，可以立即與當地社區聯繫，請社區工作人員到家中查看。這樣一來，日本獨居老人在家中死亡若干天後才被發現的事件因此減少了 30%。

把數據用好，把「雲」用好，「空巢」老人的救助問題將發生極大的變革。

美麗的錯誤

2013 年 7 月，華東師範大學有一位女生收到校方的短信：同學你好，發現你上個月餐飲消費較少，不知是否有經濟困難？

這條溫暖的短信也要歸功於大數據。校方通過挖掘校園飯卡的消費數據，發現這位女生每頓飯的餐費都偏低，於是向這位女生發出關心的詢問。

藉助數據分析，華東師範大學把每個月在食堂吃飯超過 60 頓、總消費不足 420 元的學生，悄悄列為受資助對

象，不用審核、不用公示，學校直接將金額各不相同的補貼款打進這些學生的飯卡。因為校方在長期的管理當中發現，不少家境貧寒的學生，因為面子原因不願申請貧困生助學金。如果進行公開的評審和公示，難免會傷害一些學生的自尊心。

這種方法可以說是用心良苦了。當然，偶爾也會出現美麗的錯誤！剛才說的那位女生之所以消費低，只是因為正在減肥。

誤會之所以發生，並不是因為大數據不管用，而是在於數據不夠多、不夠全面、不夠強大。大數據的特點除了「量大」，還有「多源」。如果除了飯卡，還有其他來源的數據作為輔助，判斷就會更加準確。

我的朋友周濤教授在電子科技大學工作，作為國內知名的大數據專家，他主持過一個課題，叫「尋找校園中最孤獨的人」。該課題從 3 萬名在校生中採集到了 2 億多條行為數據。這些數據包括學生選課、圖書館刷卡、寢室門禁、食堂消費以及學校超市購物等數據，都是學生在刷一卡通時產生的。通過對不同的卡在不同地點的刷卡數據進行分析，課題組最終發現了電子科技大學有 800 多名學

生，他們在校的大部分時間都是獨來獨往的。每一次排隊，前後都沒有同學或好友，他們是「最孤獨的人」。

這些孤獨的人患上心理疾病的可能性很大，家長和學校如果提前予以關注，就會避免悲劇的發生。這也是大數據溫暖的一面。

知冷知熱知心，應該是大數據的終極追求。

Chapter 15

成為高數商的人

你知道中國最有名的人是誰？

提起此人，人人皆曉，處處聞名。他姓差，名不多，是各省各縣各村人氏。你一定見過他，一定聽過別人談起他。差不多先生的名字天天掛在大家的口頭，因為他是中國全國人的代表。

差不多先生的相貌和你和我都差不多。他有一雙眼睛，但看的不很清楚；有兩隻耳朵，但聽的不很分明；有鼻子和嘴，但他對於氣味和口味都不很講究。他的腦子也不小，但他的記性卻不很精明，他的思想也不很細密。

他常說：「凡事只要差不多，就好了。何必太精明呢？」

後來他在一個錢舖裡做夥計；他也會寫，也會算，只是總不會精細。十字常常寫成千字，千字常常寫成十字。掌櫃的生

氣了，常常罵他。他只是笑嘻嘻地賠小心道：「千字比十字只多一小撇，不是差不多嗎？」

有一天，他為了一件要緊的事，要搭火車到上海去。他從從容容地走到火車站，遲了兩分鐘，火車已開走了。他白瞪着眼，望着遠遠的火車上的煤煙，搖搖頭道：「只好明天再走了，今天走同明天走，也還差不多。可是火車公司未免太認真了。八點三十分開，同八點三十二分開，不是差不多嗎？」他一面說，一面慢慢地走回家，心裡總不明白為甚麼火車不肯等他兩分鐘。

……

他死後，大家都很稱讚差不多先生樣樣事情看得破，想得通；大家都說他一生不肯認真，不肯算帳，不肯計較，真是一位有德行的人。於是大家給他起個死後的法號，叫他做圓通大師。

他的名譽越傳越遠，越久越大。無數無數的人都學他的榜樣。於是人人都成了一個差不多先生。 —— 然而中國從此就成為一個懶人國了。

（註：引自浙江文藝出版社出版的《新生活：胡適散文》）

修煉「數商」

寥寥幾百字，卻充滿了辛辣的諷刺。在中國傳統的文化中，重形象、重概括、輕邏輯、輕數據。中國的文明歷史悠久，但是現代科學卻最終在西方國家起源，與這種理性上的不足有關聯。

時光荏苒，滄海桑田。我們又迎來了一個全新的時代大數據時代。我們在進步，別人也沒停滯，我們和發達國家還存在較大的差距。但因為信息技術的進步，時代突然賦予了我們後發的優勢。這就像我們和別人賽跑，曾經我們落後 500 米，突然裁判一吹哨子，說：「停，你們換一條賽道，重新起跑。」

在這條全新的賽道上，我們和全世界最好的運動員相比，可能只落後 5 米，甚至完全不落後。在這一點上，我們應該有充足的自信，我們的互聯網應用、對大數據的開發在全世界範圍內都是頂尖的，沒有哪個國家有我們這麼便利的移動支付，也沒有哪個國家能將電商的觸角伸到角角落落。

在這條全新的賽道上，上演的將是以數據為基礎的全

面競爭。這一次，面對大數據的無垠瀚海，我們可能與世界同步，甚至領先。這將取決於你，閱讀這本書的你，你的態度、你的技能、你的數據觀！

大數據時代，不僅要注意提升自己的「情商」「智商」，還要修煉自己的「數商」。

數商是甚麼？數商包括記錄數據、整理數據、組織數據、保存數據、搜索數據、洞察數據、控制數據等能力，其核心是在不同的時間和地點獲得不同數據的能力。

未來的你們，將在數據空間中存在、生活和決策。不能迷路，在任何時候都要找到最合適的信息和數據，這是最低的要求。信息和數據是決策的基礎，面對不同的信息和數據，相同智商的人也可能會做出完全不同的決策。

我和很多人一起工作過，有一點感受很深刻，那就是大家面對的是同一個互聯網，每個人獲取信息的能力卻完全不相同。

倖存者偏差

給大家講兩個關於飛機的故事，讓我們來看看獲取信

息的不同會產生多大的影響。

下面的故事包含了 2018 年的中國內地高考作文題。據說把不少學生搞蒙了，因為很少有人知道甚麼是倖存者偏差。你看，看書的好處真不少，不僅能了解到最前沿的科學、掌握未來的職業需求，還能獲得多方面的知識，真是一舉多得。

要打贏一場戰爭，不能只靠士兵勇敢，而要靠數據，美國人很早就認識到這一點。第二次世界大戰一開始，美國國防部就組織了一批統計學家為戰爭服務，他們研究的不是武器，而是數據和方程式，他們組成了一個統計研究小組。這個小組的權力非常大，他們一提出建議，其他部門就會採取行動。小組的成員都是最傑出的統計學家，其中一名叫沃德（1902—1950）。

1941 年，美英盟軍對德國展開了戰略大轟炸。由於德國的空軍也很厲害，美英的戰機損失慘重，無數次被炮火擊落。於是「戰機應該如何加強防護，才能降低被炮火擊落的概率」這個問題被提交到了統計研究小組。

戰機進入敵方的陣地，很少有不被對方擊中的。希望自己的戰機在被擊中之後，還能平安地飛回來 —— 盟軍的

訴求很簡單。他們想到的解決辦法也很簡單，就是為自己的戰機穿上一層結實的「裝甲衣」。可裝在哪裡合適呢？不能全機都裝啊，因為裝甲衣會讓一架戰機更笨重，飛起來不僅慢，還耗油。這就需要一個平衡了，需要找出哪些部分更適合穿上厚的「裝甲衣」。

為了便於統計研究小組開展研究，軍方有意識地統計了所有返回戰機的中彈情況。這些戰機在經過一場空戰之後回到基地，身上常常彈孔累累。但是，這些彈孔在機身上分佈得並不均勻，機身上的彈孔比發動機上的多。

一般認為，戰機所有的中彈點應該是平均分佈在機身上的，但戰機各個部位的面積並不一樣，所以軍方不僅統計了彈孔的總數，還按戰機各個部位的面積進行了換算，得出了各個部位的平均彈孔數，見下表。

戰機部位	每平方英尺的平均彈孔數 / 個 （1 平方英尺 = 0.09 平方米）
發動機	1.11
機身	1.73
油箱	1.55
機翼及其他部位	1.80

軍官們發現，「應該加強機身特別是機翼的防護，因為這是最容易被擊中的位置」。換句話說，「裝甲衣」應該裝在機身這個最容易受到攻擊的部分，其他部位可以不用。

　　但這個觀點被沃德駁回了。沃德提出了完全相反的觀點：需要裝「裝甲衣」的地方不是彈孔最多的地方，而是彈孔最少的地方，也就是戰機的發動機。

　　沃德認為，一些戰機能帶着滿身彈孔平安返航，是因為中彈的那些位置即使被擊中也不會導致墜機；而在發動機的位置很少發現彈孔，並不是這個地方真的不容易中彈，而是一旦中彈，戰機就幾乎無法安全返航了。

　　細細想來，這個結論真實而恐怖。也就是說，返回的戰機是倖存者，僅僅依靠倖存者做出判斷是不科學的，那些被忽視了的非倖存者才是關鍵，它們根本沒回來！真相一點就破，而想到這一點卻是需要睿智的。不得不說沃德心思非常縝密，這也正是美軍設立統計研究小組的用意所在：用科學的頭腦武裝軍隊。

　　這個故事也是統計學的一個重要理論「倖存者偏差」的來源。

　　沃德的分析非常細緻，他甚至區分計算了不同的彈

孔。分析得出,一架戰機進入敵方的陣地,會面對來自地面的大炮和來自空中戰機兩方面的炮火。地面有高射炮,敵方的戰機有機關槍和機關炮,這三種攻擊對戰機的威脅是不一樣的。沃德計算了這三種彈孔的分佈和它們各自對戰機的致命程度後認為,20mm 口徑機關炮的攻擊對戰機的威脅最大,其次是 7.9mm 口徑機關槍,最後才是高射炮。擊中發動機附近,戰機墜落的可能性最大。

戰機部位被武器擊中後的威脅係數

戰機部位	被武器擊中後的威脅係數
機身	0.114
發動機	0.179(最高)
油箱	0.074
其餘部位	0.038

武器對戰機的威脅係數

武器	對戰機的威脅係數
高射炮	0.045
20mm 口徑機關炮	0.175(最高)
7.9mm 口徑機關槍	0.092

軍方最後採納了沃德的建議,加強了對發動機的防

護。事後證明這個決策是正確的，它讓更多的飛機飛得回來，盟軍戰機被擊落的概率大大降低，沃德的分析不知挽救了多少盟軍戰機。

沃德所做的工作一直是高度機密，不為人所知。直到1980年，美國海軍以備忘錄的形式，重印了沃德當年這個研究所留下的論文，並且在前言中指出，之所以公開，不僅僅是因為歷史的原因，還因為，直到今天，沃德的這套方法論仍有現實價值。事實上，沃德的分析方法在後續戰爭中確實留下了深遠的影響。

倖存者偏差，就好像老師在教室裡問：沒來的同學請舉手。這是令人發笑的。又好像我們在火車站站台上調查，請問你買到了回家的票了嗎？你應該會得到所有人肯定的回答，而沒買到票的人，可能正在家裡想辦法呢。類似的錯誤，實實在在地存在於我們的日常生活當中。

說完了戰機，再說說飛行員。

戰機很昂貴，培養一個飛行員成本也很高。如果一個飛行員足夠聰明老練，他就更可能完成任務，並且平安歸來。

為了找出最好的飛行員，當時的美國國防部設置

了不同的遴選小組。各個小組用不同的標準選擇不同的飛行員。其中一組雇用了當時著名的心理學家吉爾福特（1897—1987），他用智力測驗、數據評分及面試的方法為空軍遴選最佳的戰機飛行員。

但在隨後的分析評審中，美國國防部發現，吉爾福特挑選的飛行員與其他組相比，被擊落犧牲的比例並不低。當吉爾福特知道這個數據之後，無比羞愧，他認為是自己的錯誤方法將很多飛行員送上了絕路。

而這些小組中卻有一組，其成員成功返航的比例明顯高出其他小組。領導這個遴選小組的，是一名退役的老飛行員。美國國防部隨即對這個小組的遴選方法進行了細緻的分析，發現這位退役的老飛行員在有一個問題上採取了和吉爾福特完全不同的選擇標準。吉爾福特也向所有的候選者詢問了這個問題，那就是：當你進入德軍陣地，遭遇德軍的高射炮攻擊時，該怎麼辦？

當時最自然的回答是，我會飛得更高。吉爾福特選擇的就是這麼回答的人，因為這是大家公認的標準答案。而這位老飛行員卻淘汰了所有回答「我會飛得更高」的候選者，而挑選了違反飛行條例準則的人，例如那些回答「我

不知道，可能我會俯衝」或「我會『之』字形前進」或「我會轉圈，掉頭避開火力」的候選者。

事後證明，遵循飛行條例準則的飛行員都是可以被預測的人，這就是吉爾福特失敗的原因。因為德國人清楚美國飛行員遭遇炮火時，會飛得更高，因而他們的戰機會停留在雲端，等着將美國戰機擊落。那些不按準則來處理的飛行員，會比那些局限於準則的飛行員更可能倖存下來。

退役的老飛行員沒有用複雜的智力測試，也沒有拿出甚麼權威的數據，他用自己豐富的戰場經驗一眼看到了問題的要害，對戰爭的了解確保了他會選擇一些富有冒險精神、有打破常規思維的飛行員。這事實上是一種數據分析，也是對飛行員的智力測試，只不過用的是經驗而不是儀器。吉爾福特並不是敗在方法上，而是敗在不了解戰場上。

一旦得到糾正，科學立即顯現出它的本色來。正是用這種方法，美國不斷優化自己的軍事決定，精確掌控，步步為營。也正是受這個案例的啟發，吉爾福特後來開創了創新心理學。

數商的內容很多，這其中，有記錄數據、整理數據、組織數據、保存數據、搜索數據，而最重要的，就是洞察

數據和控制數據,我們無法一一盡述。它是一個新概念,歡迎你和我一起來探索、一起來豐富。有一點是特別想強調的,那就是在大數據面前,我們需要擁有對數據和信息的控制能力,要能清晰地掌控自己瀏覽、消費信息的多少和時間。

大數據時代,新的數據不斷湧現,有看不完的內容。本質上,這是一種數據消費。瀏覽信息的過程就同時在消耗個體的時間和精力。以前我們說「時間就是金錢」,「時間就是生命」。大數據時代,這句話可以改成「注意力就是金錢」,「注意力就是生命」。

例如,很多人喜歡刷微信,微信上的文章五花八門,挑動你的情緒,刺激你的感官,吸引你打開。因為你一點擊,系統就會給內容製造者付費,而你付出的則是你的注意力。

在這個大數據時代,不控制數據,就會被數據控制。怎麼去管理你的注意力,決定了你未來的個人發展,這也是數商高低的一個重要內容。

千萬別讓數商限制了你的未來。

因為,善數者 —— 贏!!!

責任編輯	許瓊英
書籍設計	林　溪
排　　版	肖　霞
印　　務	馮政光

書　　名	一小時看懂大數據
作　　者	涂子沛
出　　版	香港中和出版有限公司 Hong Kong Open Page Publishing Co., Ltd. 香港北角英皇道 499 號北角工業大廈 18 樓 http://www.hkopenpage.com http://www.facebook.com/hkopenpage http://weibo.com/hkopenpage Email: info@hkopenpage.com
香港發行	香港聯合書刊物流有限公司 香港新界荃灣德士古道 220-248 號荃灣工業中心 16 樓
印　　刷	中華商務彩色印刷有限公司 香港新界大埔汀麗路 36 號中華商務印刷大廈
版　　次	2020 年 12 月香港第 1 版第 1 次印刷
規　　格	32 開 (148mm×210mm) 224 面
國際書號	ISBN 978-988-8694-22-8